Eine Bildreise

Auf Annette von Droste-Hülshoffs Spuren

Josef Bieker/Ulrike Romeis/Ulrich Wollheim/Ellert & Richter Verlag

Autoren/Quellen/Bildnachweis/Impressum

Für meine Eltern, Christa und Bernhard Wollheim

Ulrich Wollheim, geb. 1956 in Paderborn, studierte in Münster Germanistik und Philosophie. Als Geschäftsführer der Annette von Droste-Gesellschaft und Kustos der Droste-Gedenkstätte Haus Rüschhaus verfaßte er Publikationen vor allem zur Biographie der Dichterin. Unter der Leitung von Professor Dr. Winfried Woesler arbeitet Ulrich Wollheim partiell an der Historisch-kritischen Droste-Ausgabe in Münster mit.

Josef Bieker, geb. 1950, studierte Fotodesign bei Harald Mante und Pan Walther. Seit 1981 freiberuflich als Fotograf und Journalist für Buch- und Zeitschriftenverlage tätig. Zahlreiche Veröffentlichungen in den Bereichen Reiseliteratur, Bildbände, Fotokunstkalender und Bildpostkarten. Im Ellert & Richter Verlag sind seine Bildreisen „Bergisches Land", „Freiburg, Kaiserstuhl und Markgräferland", „Der Wörlitzer Garten" und „Ostwestfalen und Teutoburger Wald" erschienen.

Ulrike Romeis, geb. 1956 in München, studierte zuerst Germanistik und Geschichte, ab 1981 Fotografie in Dortmund. Seit 1989 freiberuflich für Agenturen, Verlage und Zeitschriften tätig. 1988 Kodak-Nachwuchs-Preis, 1991 Deutscher Fotoförderpreis. Ulrike Romeis lebt in Dortmund. Im Ellert & Richter Verlag sind ihre Bildreisen „Freiburg, Kaiserstuhl und Markgräferland", „Der Wörlitzer Garten" und „Ostwestfalen und Teutoburger Wald" erschienen.

Zur Zitierweise

Briefe und Werke der Droste werden nach der Historisch-kritischen Droste-Ausgabe, hrsg. von Winfried Woesler, Tübingen 1978ff., zitiert, sofern die entsprechenden Bände vorliegen; ansonsten nach der zweibändigen Werkauswahl im Artemis/Winkler-Verlag (hrsg. von Günther Weydt und Winfried Woesler), München 1989[3]. Textzitate der Droste erscheinen in kursiver Schrift. Eckige Klammern [ ] kennzeichnen Ergänzungen oder Auslassungen innerhalb von Zitaten.

Literaturhinweise

Mein Dank gilt Dr. Walter Gödden, der mir seine Droste-Chronik freundlicherweise zur Verfügung stellte: Annette von Droste-Hülshoff. Chronik ihres Lebens und Werkes, Bern/Frankfurt a. M. / New York / Paris 1993 (z. Zt. der Manuskripterstellung noch im Druck). Herrn Prof. Dr. Winfried Woesler, dem Leiter der Droste-Forschungsstelle in Münster, danke ich für jede wissenschaftliche Unterstützung.
Walter Gödden: Annette von Droste-Hülshoff auf Schloß Meersburg, Meersburg 1993
Levin Schücking: Annette von Droste. Ein Lebensbild, Hannover 1862
Levin Schücking: Lebenserinnerungen, 2 Bde., Breslau 1886
Ulrich Wollheim: Haus Rüschhaus, München, Zürich 1987. 2. Aufl. 1993
Ulrich Wollheim: *O, vivant die Niederlande!* Die Reise Annette von Droste-Hülshoffs in die Niederlande. In: Jahrbuch 3/1992 des Zentrums für Niederlande-Studien, Münster 1993.
Alle weiterführende Literatur zum Thema ist in der Droste-Bibliographie Bd. XIV.1 und XIV.2 der Historisch-kritischen Ausgabe verzeichnet, die ca. 5 000 Titel der Primär- und Sekundärliteratur aufführt.
Die von Winfried Woesler herausgegebene Historisch-kritische Ausgabe erscheint seit 1978 im Max Niemeyer-Verlag in Tübingen. Bisher sind 15 von 24 Bänden erschienen. Diese Ausgabe bietet in vielen Fällen erstmals eine verläßliche Textgrundlage, einen ausführlichen Kommentar und eine Verzeichnung aller Arbeitsstufen der Werke. Besondere Beachtung verdienen das „Jahrbuch der Droste-Gesellschaft" (Bd. 1–5, 1947–1972), die „Beiträge zur Droste-Forschung" (Bd. 1–5, 1971–1982) sowie das neue „Droste-Jahrbuch" (Bd. 1, 1986/87; Bd. 2 1988/90; Bd. 3 1991/94 [im Druck]).

Bildnachweis

Sämtliche großformatigen Farbfotos: Josef Bieker/Ulrike Romeis, Dortmund
Farb- und S/W-Abbildungen:
S. 6: *Annette von Droste-Hülshoff um 1820.* Bildnisminiatur von der Hand der Schwester der Dichterin. Privatbesitz
Foto: Karl Heinz Baltzer, Archiv der Droste-Gesellschaft, Münster
S. 7: *Der Knabe im Moor.* Reinschrift der ersten drei Strophen. Preußische Staatsbibliothek, Berlin
Foto: Karl Heinz Baltzer, Archiv der Droste-Gesellschaft, Münster
S. 18: *Clemens-August II. von Droste-Hülshoff.* Ölgemälde. Privatbesitz
Foto: Karl Heinz Baltzer, Archiv der Droste-Gesellschaft, Münster
S. 19: *Therese Louise von Droste-Hülshoff.* Ölgemälde. Privatbesitz
Foto: Karl Heinz Baltzer, Archiv der Droste-Gesellschaft, Münster
S. 38: *Maria Anna von Haxthausen.* Ölgemälde. Privatbesitz
Foto: Karl Heinz Baltzer, Archiv der Droste-Gesellschaft, Münster
S. 39: *Werner Adolf von Haxthausen.* Ölgemälde. Privatbesitz
Foto: Karl Heinz Baltzer, Archiv der Droste-Gesellschaft, Münster
S. 47: *Grundriß von Haus Rüschhaus.* Zeichnung von 1745. Westf. Landesmuseum für Kunst und Kulturgeschichte, Münster
Foto: Karl Heinz Baltzer, Archiv der Droste-Gesellschaft, Münster
S. 47: *Maria Catharina Plettendorf.* Ölgemälde. Privatbesitz
Foto: Karl Heinz Baltzer, Archiv der Droste-Gesellschaft, Münster
S. 48/49: *Das „Schneckenhäuschen".* Bleistiftzeichnung der Dichterin. Privatbesitz
S. 49: *Clemens Maria von Bönninghausen.* Lithographie. Annette von Droste-Gesellschaft, Münster
Foto: Karl Heinz Baltzer, Archiv der Droste-Gesellschaft, Münster
S. 64/65: *Schloß Eppishausen im Thurgau.* Bleistiftzeichnung. Privatbesitz
Foto: Karl Heinz Baltzer, Archiv der Droste-Gesellschaft, Münster
S. 66: *Annette von Droste-Hülshoff.* Bleistiftskizze von 1840. Stadt- und Landesbibliothek Dortmund, Handschriftensammlung, Dortmund
S. 67: *Levin Schücking.* Lithographie. Annette von Droste-Gesellschaft, Münster
Foto: Karl Heinz Baltzer, Archiv der Droste-Gesellschaft, Münster
S. 72/73: *Meersburg. Zimmer der Droste.* Aquarell, unbekannt. Annette von Droste-Gesellschaft, Münster
S. 74: *Jenny von Droste-Hülshoff.* Gouache. Annette von Droste-Gesellschaft, Münster
Foto: Karl Heinz Baltzer, Archiv der Droste-Gesellschaft, Münster
S. 75: *Die Judenbuche.* Erstdruck im „Morgenblatt für gebildete Leser" vom 22. April 1842. Univeritätsbibliothek, Münster
Foto: Karl Heinz Baltzer, Archiv der Droste-Gesellschaft, Münster
S. 85: *Das „Fürstenhäusle" über Meersburg.* Zeichnung von Leonard Hohbach, 1846. Droste-Museum Fürstenhäusle, Meersburg
Foto: Karl Heinz Baltzer, Archiv der Droste-Gesellschaft, Münster
S. 87: *Annette von Droste-Hülshoff.* Daguerreotypie, 1845. Preußische Staatsbibliothek, Berlin

Titelabbildung

Haus Rüschhaus

Die Deutsche Bibliothek – CIP-Einheitsaufnahme

Auf Annette von Droste-Hülshoffs Spuren /
Josef Bieker; Ulrike Romeis; Ulrich Wollheim.
– Neuausg.. – Hamburg: Ellert und Richter, 2002
(Eine Bildreise)
ISBN 3-8319-0096-5
NE: Bieker, Josef; Romeis, Ulrike; Wollheim, Ulrich

© Ellert & Richter Verlag GmbH, Hamburg 1994
Neuausgabe 2002

Text und Bildlegenden: Ulrich Wollheim, Münster
Lektorat: Annette Willenborg, Hamburg
Gestaltung: Büro Brückner + Partner, Bremen
Satz: KCS GmbH, Buchholz/Hamburg
Lithographie: Peter Appelt, Grafik-Design & Fotosatz, Hamburg
Druck: Girzig + Gottschalk, Bremen
Bindung: S. R. Büge GmbH, Celle

Inhalt

Ein Vers, der einem Gedicht von 1820 aus dem *Geistlichen Jahr* entstammt, macht das dichterische Selbstbewußtsein Annette von Droste-Hülshoffs deutlich: *Meine Lieder werden leben.* Sie sollte mit ihrer Annahme recht behalten.

An diesem Zitat verblüfft − gerade von einer Dichterin, deren psychische Erregungsfähigkeit ihr zur großen Belastung wurde − zu erfahren, daß sie sich ihres dichterischen Könnens durchaus bewußt war. Sie mußte sich keineswegs Verzückungen oder den „Kuß einer Muse" einbilden, um gute Gedichte zu schreiben. Im Gegenteil: In Meersburg etwa konnte sie mit ihrem Freund Levin Schücking eine Wette abschließen, in einer nicht allzu reichlich bemessenen Zeit einen umfangreichen Gedichtband zusammenschreiben zu können. Und sie hat, zunächst als nicht genannte Autorin, für die Sammlung „Das malerische und romantische Westphalen" Gedichte an Schücking abgeliefert, die sicherlich heute zu den besten deutschen Balladendichtungen zählen.

Ihr künstlerisches Selbstvertrauen ist jedoch nur ein Aspekt der Biographie der 1797 auf der Burg Hülshoff geborenen Dichterin, die früh begann, für ihre Großmutter religiöse Themen nach der Vorgabe des Kirchenjahres in Versen abzuhandeln, wobei diese mit dem Ergebnis allerdings nichts anzufangen wußte: Auch Religiösität und Glaubenszweifel sind biographische Nuancen, wie zum Beispiel die später fortgesetzten Gedichte des Zyklus *Das geistliche Jahr* belegen. Diese geben Einblick in das Ringen der Dichterin um ihren Glauben: *Mein Geist, o wolle nicht ergründen, / Was einmahl unergründlich ist.* Doch wer hier den Schlüssel zu einem gesicherten Verständnis der Droste zu finden meint, könnte überrascht werden. Es gibt Äußerungen der Autorin, die den Verdacht nahelegen, die religiösen Themen seien nur Medien gewesen, in denen die junge Frau jene Empfindsamkeit zu fassen

suchte, deren Übersteigerung sie fürchtete, und mit denen sie zugleich fehlendes Selbstvertrauen beheben wollte − beides Ängste, gegen die es in der Umgebung, etwa der Familie, wenig Hilfe gab.

Das Schreiben lief ihr also leicht von der Hand, und doch auch gerade nicht. Vieles, was die Droste anfing, blieb Fragment, somit vieles unbekannt; anderes, was uns mit Hochachtung erfüllt, womit sie ihre schreibenden Zeitgenossen weit überragte − etwa die Sprache in der *Judenbuche* − rangierte bei ihr eher beiläufig. Eine *Criminalgeschichte* nannte sie jene Erzählung, die die Literaturwissenschaft zu einem Stück Weltliteratur emporhob. Dieses Nebeneinanders von Gegensätzen ihres Wesens war sie sich bewußt, und sie hat es auch in ihrem Werk darzustellen versucht.

Meersburg und der Bodensee wurden ihr zu einer zweiten Heimat, zu einem Ort

reicher dichterischer Produktion. Gleichwohl blieb sie die Dichterin des Münsterlandes, jener westfälischen Landschaft, *die so anmuthig ist, wie der gänzliche Mangel an Gebirgen, Felsen und belebten Strömen dieses nur immer gestattet.* Hier fand sie die Bilder für die Beschreibung dessen, was sie bedrängte; in der Natur entdeckte sie die Metaphern ihrer Ängste. Das war Westfalen, das Nebelland zwischen feuchten Wiesen und Mooren, zwischen Heidestücken und kleinen Waldun-

Diese Bildnisminiatur von Annette von Droste-Hülshoff fertigte ihre Schwester Jenny 1820 an. Die Droste entstammte dem niederen, nicht sehr bedeutenden westfälischen Landadel.

ganz anderen Grenze vorwegnimmt: der Grenze des geordneten, sittsamen, rational erschlossenen und verwalteten Lebens zu eigener Realität und Fiktion. Das damals nahezu unentdeckte Land Westfalen ist dabei Ursprung der Beunruhigung, der Ängste, hierher rührt der Einbruch in das so klar von Wissen und Können beherrschte Leben.

Nicht mehr trennen zu können zwischen kontrollierter, zumindest kontrollierbarer Realität und dem Ausgeliefertsein an die Bilder der Poesie, die nicht der Kontrolle des Willens, des disziplinierten Verstandes unterliegen, das war die Furcht, die ihr von früher Jugend an ein Begleiter war. Schon der erste Teil des *Geistlichen Jahres* ist von der Sorge bestimmt, dem Wahnsinn zu verfallen, so im Gedicht *Am Grünendonnerstage: O Gott, ich kann nicht bergen, / Wie angst mir vor den Schergen, / Die du vielleicht gesandt, / In Krankheit oder Grämen / Die Sinne mir zu nehmen, / Zu tödten den Verstand!* Doch ist es gerade die poetische Produktion, mit der sie sich die Realität zurückerobert.

Vielleicht ist es das selbstbewußte Verlangen, mit dem Annette von Droste-Hülshoff auch dem Leser und Rezipienten des späten 20. Jahrhunderts gegenüber darauf besteht: *aber nach hundert Jahren möcht ich gelesen werden.* Sicher aber ist es die spannende Aktualität ihres Œuvres, die es uns vorstellbar macht, dieser Aufforderung einer Frau und Dichterin des 19. Jahrhunderts heute noch und wieder nachzukommen.

In einem Aufsatz nennt Walter Benjamin die Photographie „ein Beweisstück im historischen Prozeß". Auch die hier vorgelegte Bildreise versucht in Aufnahmen von Bauwerken und Naturszenerien den Lebenszusammenhang einer Frau und Dichterin des 19. Jahrhunderts post annos wiederzufinden. Sie visualisiert nicht individuelles Erleben, sondern versucht, Informationen über eine in manchen Aspekten noch unbekannte Person und ihr Werk zu dokumentieren und sie dadurch für Betrachter und Leser erfahrbarer werden zu lassen.

Der Knabe im Moor,
Reinschrift der ersten drei
Strophen. Das Gedicht
entstand im Herbst 1841 auf
der Meersburg und wurde
1842 im „Morgenblatt für
gebildete Leser" erstmals
abgedruckt.

gen, ein Land, das unheimlich wirkte in der Dämmerung, jedoch nicht abstoßend und ausschließend, sondern vereinnahmend. Daher empfindet die Droste die Natur nicht als Entgegengesetztes, gar Feindliches, sondern gleichsam als ein angsterfüllendes Inneres ihres Lebens, das ihr plötzlich von außen entgegentritt.

Was der Mensch in solcher Umgebung und in einer so zwiespältigen Stimmung erlebt oder erfährt, ist kaum als Realität oder Traum auszumachen. Diese Atmosphäre hat die Dichterin oft geschildert, etwa in ihren Gedichten *Der Knabe im Moor* oder im *Haidemann.*
Man hat den besten Gedichten der Droste eine Nähe zum Naturalismus nachgesagt, teilweise sogar seine Vorwegnahme. Das trifft sicher für die poetische Strenge und Genauigkeit ihrer Beschreibungen zu. Bedeutender ist aber wohl, daß sie mit ihren Dichtungen die Aufhebung einer

Diese Birkenallee säumt einen alten Prozessionsweg bei Meschede im Sauerland. Die Grafschaft Mark war Ziel einer Reise Annette von Droste-Hülshoffs im Jahr 1824. Sie besuchte ihre Verwandten, Mitglieder der Familie von Wendt-Papenhausen, in der Nähe von Gevelinghausen. Im Nachlaß der Dichterin finden sich viele Notizen zur sauerländischen Landschaft: *Das Ganze steht den wildesten Gegenden des Schwarzwaldes nicht nach — sonderlich wenn es zu dunkeln beginnt, gehört viel kaltes Blut dazu, um sich eines mindestens poetischen Schauers zu erwehren, wenn das Volk der Eulen und Schuhue in den Spalten lebendig wird.*

Diese
Moorlandschaft bei Mün-
ster, das Venner Moor, trägt
noch die Züge einer Land-
schaft, wie sie von Annette
von Droste-Hülshoff mit
großer Empfindsamkeit poe-
tisiert wurde. Gerade ihre
bekannteste Ballade, *Der
Knabe im Moor,* zeigt die
Entwicklung der Dichterin
von subjektiver Vorliebe für
das Schaurige hin zu objek-
tiver Darstellung des Gei-
stes westfälischer Land-
schaft. Darin spiegelt sich
der Übergang von der
Romantik zum Realismus.

A

uch heute noch läßt sich die westfälische Landschaft an vielen Orten so erleben, wie die Dichterin sie beschreibt: *In hohem Grade friedlich, hat sie doch nichts von dem Charakter der Einöde, vielmehr mögen wenige Landschaften so voll Grün, Nachtigallenschlag und Blumenflor angetroffen werden, und der aus minder feuchten Gegenden Einwandernde wird fast betäubt vom Geschmetter der zahllosen Singvögel, die ihre Nahrung in dem weichen Kleiboden finden. – Die wüsten Steppen haben sich in mäßige, mit einer Haidenblumendecke farbig überhauchte Weidestrecken zusammengezogen, aus denen jeder Schritt Schwärme blauer, gelber und milchweißer Schmetterlinge aufstäuben läßt.*

H

aus Vögeding liegt auf dem Weg vom Haus Rüschhaus zur Burg Hülshoff und gehörte nach 1827 eine Zeitlang der Familie von Droste-Hülshoff. Das Bauernhaus mit dem wuchtigen Giebel und der Rundturm, dessen Schießscharten bis auf eine durch Fenster ersetzt wurden, sind Reste der vor 1500 von den Herren von Schenking errichteten Wasserburg. Haus Vögeding war wiederholt Ziel kleiner gemeinsamer Wanderungen Annette von Droste-Hülshoffs mit Levin Schücking.

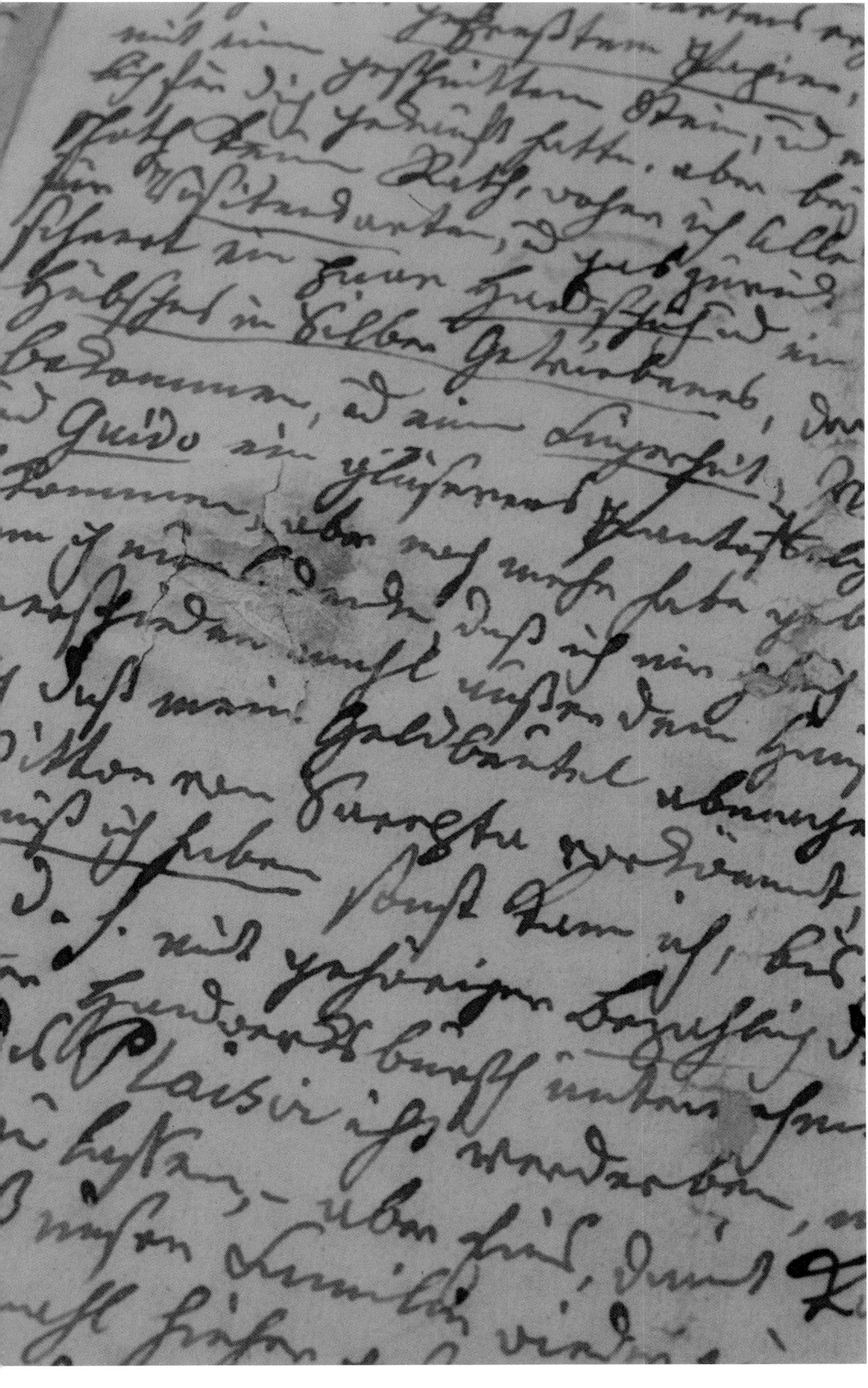

Hand-
schrift der Dichterin. Die
Briefe der Droste waren
wegen ihres Äußeren
berüchtigt. Entsprechend oft
kommt es zu Bemerkungen
über den Charakter ihrer
Schrift. So schreibt die
Mutter an ihre Tochter
Jenny: „Nette hat wieder so
klein geschrieben, ich habe
ihr eben gesagt, wie sehr
dies den Augen schadet,
nun ist sie in einer Angst
und fragt ob du wirklich
wünschst, daß sie größer
schreiben soll." Selbst die
starke Vergrößerung einer
frühen Handschrift der Droste läßt dieses Phänomen
noch erkennen, für das es
im Nachlaß weitere extreme
Beispiele gibt.

D*u Vaterhaus mit deinen Thürmen, / Vom stillen Weiher eingewiegt, / Wo ich in meines Lebens Stürmen / So oft erlegen und gesiegt, − / Ihr breiten laubgewölbten Hallen, / Die jung und fröhlich mich gesehn, / Wo ewig meine Seufzer wallen / Und meines Fußes Spuren stehn!*

So poetisierte Annette von Droste-Hülshoff ihr Vaterhaus, die Wasserburg Hülshoff, auf der sie am 12. Januar 1797 geboren wurde. Das Haus hatte damals schon eine mehrhundertjährige Vergangenheit, denn der älteste Teil des Gebäudes, das alte „Hus Tor Kulen", also „zur Kuhle", damals wie heute von einer Gräfte, einem Wassergraben, umgeben, ist schon vor 1349 erbaut worden. Es gehörte den Herren von Schonebeck, die es 1417 zusammen mit dem Hülshove an die Familie von Deckenbrock verkauften. Diese waren als Drosten des Domkapitels als Verwalter und Rechnungsführer in der Stadt Münster tätig.

In der Mitte des 15. Jahrhunderts wurde der angestammte Name Deckenbrock endgültig durch von Droste zu Hülshoff ersetzt, einen Namen, in dem sich Amtstitel und Stammsitz verbinden. In der Zeit des Wiedertäuferreiches zog Johann Heinrich Droste (1500−1570), der wie seine Väter in Münster ansässig war, aufgrund der Unruhen auf den Hülshove hinaus und erweiterte das alte „Hus Tor Kulen" zu einem Haupthaus mit schlichten Renaissancegiebeln, die durchaus noch gotischen Proportionen unterliegen. Ein Großonkel Annette von Droste-Hülshoffs, Heinrich Johann von Droste (1735−1798), baute schließlich am Ende des 18. Jahrhunderts, einige Jahre vor der Geburt der Dichterin, das Haus noch einmal um. Er versuchte, der mittelalterlichen Burg einen schloßähnlichen Anblick zu geben.

Haus Hülshoff war nicht der prächtigste Burgensitz des Münsterlandes, aber der poetischste. Er ist von Bedeutung, da die Droste hier ihre Jugend verbrachte und erste dichterische Versuche unternahm:

Auf meiner Heimath Grunde / Da steht ein Zinnenbau, / Schaut finster in die Runde / Aus Wimpern schwer und grau, / An seiner Fenster Gittern / Wimmert des Kauzes Schrei, / Und drüber siehst du wittern / Den sonnentrunknen Weih.

Der Vater der Dichterin, Clemens-August von Droste-Hülshoff (1760−1826), *eine stattliche Erscheinung,* war von *natürlichem Forschungsdrang* geprägt. Er betrieb Geschichte, Zoologie, Botanik sowie das Geigenspiel, das er meisterlich beherrscht haben soll. Die Mutter Therese Louise (1772−1853), eine geborene von Haxthausen, stammte aus dem Hochstift Paderborn. Sie hatte − wie ihre ganze Familie − eine besondere Vorliebe für die Literatur; und sie war es, die das junge Mädchen zur Dichtung führte und erste dichterische Ansätze förderte.

Neben der literarischen hatte die Droste eine nicht unbedeutende musikalische Begabung. Im Gesang brachte sie es bis zur gelegentlichen Konzertsängerin, in der Komposition zu Liedern und sogar vier Opern, die sie als Fragmente hinterlassen hat. Vom Vater hatte sie auch den ausgeprägten Sinn für das Sammeln von Kupferoder Stahlstichen und von naturwissenschaftlichen Besonderheiten, vor allem Steinen oder Fossilien.

Schon früh setzte die Droste ihre Familie durch ihre Sprachkenntnisse, ihre Reimereien und musikalischen Improvisationen in Erstaunen. Dabei war sie, vielleicht infolge ihrer Frühgeburt, von zarter, ja kränkelnder Gesundheit. Zur Familie zählten

Clemens-August von Droste-Hülshoff, der Vater der Dichterin. Neben der Beschäftigung mit der Verwaltung der Hülshoffschen Familiengüter hatte er ein großes Faible für das Naturkundliche und Botanische. Dieses Interesse teilte seine Tochter Annette mit ihm.

neben der Dichterin und ihren Eltern noch drei Geschwister: ihre ältere Schwester Maria Anna, genannt Jenny (1795–1859), die später den Freiherrn Joseph von Laßberg (1770–1855) heiratete, sowie die beiden Brüder Werner Konstantin (1798–1867), der Hülshoff erben sollte, und Ferdinand, genannt Fente (1800–1829), der bereits mit 29 Jahren an Tuberkulose verstarb. Auch die Droste hatte übrigens im Familien- und Freundeskreis einen Kosenamen: Man nannte sie Nette. Ihr vollständiger Name war Anna Elisabeth.

Von besonderer Bedeutung war für sie die Nähe zur Stadt Münster. Der Stadtaufenthalt der jungen Annette spielte sich im Schatten der alten Überwasserkirche

Ihre Mutter Therese Louise verglich Annette von Droste-Hülshoff wegen ihres fremdländischen Äußeren mit einer Burgundertraube, die in einen Pfirsichkorb gerathen ist.

und in unmittelbarer Umgebung des Domes ab. Die Familie von Droste-Hülshoff hatte seit 1782 in Münster ein eigenes Stadthaus an der Ecke Bäckergasse – Krummer Timpen, den sogenannten Gravenhorster Hof. Gegenüber wohnte der Professor Anton Mathias Sprickmann (1749–1833), der als ehemaliger Dichter des Göttinger Kreises erster literarischer Mentor der Droste wurde und ihre frühen dichterischen Gehversuche beaufsichtigte. Die Stadtwohnung behielten die Droste-Hülshoffs bis 1818 bei. Heute erinnert ein Denkmal auf der Kreuzschanze an den Aufenthalt der Droste in Münster. Dieses Denkmal ist nicht zuletzt Zeugnis für die Verbundenheit der Dichterin mit der Stadt.

Das Leben auf Hülshoff zeichnete sich zur Jugendzeit der Droste dem Leben auf anderen münsterländischen Landadelssitzen gegenüber dadurch aus, daß es geistig aufgeschlossener und stärker von kul-

turellen Aktivitäten geprägt war. Auch förderte die Landschaft um Hülshoff das poetische Empfinden der Heranwachsenden. Vor allem aber prägte das geistige Leben in Münster die Dichterin, an dem sie zunächst durch Sprickmann, später durch Christoph Bernhard Schlüter (1801–1884), Elise Rüdiger (1812–1899) und Levin Schücking (1814–1883) teilnahm. Im Münsterer Verlag Aschendorff erschien im Jahre 1838 auch ihre erste kleine Gedichtausgabe. Diese Veröffentlichung wurde durch Vermittlung des blinden Akademieprofessors Christoph Bernhard Schlüter möglich, der noch in späteren Jahren, vor allem bei der Vollendung des *Geistlichen Jahres*, ein Gesprächspartner bleiben sollte.

Wie verbunden Annette von Droste-Hülshoff sich ihr Leben lang mit ihrer westfälischen Heimat fühlt, läßt sie den fiktiven Herausgeber von *Bei uns zu Lande auf dem Lande* äußern: *Ich bin ein Westphale, und zwar ein Stockwestphale, nämlich ein Münsterländer, – Gott sei Dank! füge ich hinzu und denke gut genug von jedem Fremden, wer er auch sei, um ihm zuzutrauen, daß er gleich mir den Boden, wo „seine Lebenden wandeln und seine Todten ruhen" mit keinem anderen auf Erden vertauschen würde, [. . .].*

Wenn man die junge Droste in Verbindung mit den Lebensstationen betrachtet, an denen sie sich länger aufgehalten hat, dann gleichen diese Stätten Wachstumsringen, die sich konzentrisch um ihre Person legen. Der erste Kreis ist Hülshoff und die Welt der nachbarlichen Wasserburgen, der zweite die Stadt Münster mit ihrem geistigen Leben. Ein dritter umfaßt den Paderborner Raum. Er war die Welt ihrer mütterlichen Verwandten, aber auch der Kreis ihrer ersten und eigentlichen Begegnung mit der Realität. In Hülshoff und Münster lebte das junge Mädchen eng und streng behütet, im Paderborner Land erfuhr es erste Freiheit und Selbständigkeit. Als größere Reisen wurden in der Jugendzeit ihre Besuche bei der mütterlichen Familie in Bökendorf und Abbenburg im Paderborner Land bedeutungsvoll.

Burg
Hülshoff, Kreis Coesfeld, in
einer Ansicht des Hauptge-
bäudes von Westen. Die
Burg wurde 1349 erstmalig
erwähnt und war seit 1417
Sitz der Herren von
Deckenbrock, die sich später „von Droste" nannten.
1789 erfolgten einige innere
Umgestaltungen und Verän-
derungen der Fenster. Hinter einem der Fenster der
oberen Reihe verbirgt sich
das Geburtszimmer Annette
von Droste-Hülshoffs.
Rechts führt die Brücke zur
Vorburg, links eine Holz-
brücke zum Garten.

Das große Speisezimmer der Burg Hülshoff liegt im Parterre des Hauptflügels. Als Speisezimmer war dieser Raum schon seit Kindheit der Dichterin Treffpunkt der Familie. Die Ahnengalerie an der nördlichen Längsseite des Zimmers umfaßt sieben Generationen. In der rechten Hälfte der oberen Reihe zeigen vier Gemälde Vater und Mutter der Dichterin sowie den Bruder Werner und seine Frau, die Bewohner des Stammsitzes nach dem Tod des Vaters 1826 (von links).

D

ie
Bibliothek auf Haus Hüls-
hoff wurde 1870 von Hein-
rich von Droste-Hülshoff,
einem Neffen der Dichterin,
mit neugotischen Eichen-
schränken ausgestattet. In
der Kinderzeit der Droste
fand hier der Unterricht
statt, wobei die Mutter,
Therese Louise von
Droste-Hülshoff, darum
bemüht war, Töchtern und
Söhnen den gleichen Ele-
mentarunterricht zukommen
zu lassen. Neben mathema-
tischen und naturkundlichen
Kenntnissen besaß die
Dichterin, die sich auch
später noch autodidaktisch
weiterbildete, daher gute
Sprachkenntnisse im Latei-
nischen, Griechischen,
Französischen, Englischen
und Niederländischen.

Das
gesamte Gartenareal von
Haus Hülshoff wurde
1980—1986 grundlegend
erneuert. Auf der Garten-
insel im Schnittpunkt der
Wege steht seit 1985 eine
Bronzebüste der Dichterin
nach einem Modell von
Anton Rüller (um 1896).
Umgeben von einem Rosen-
rondell bildet sie den
Kristallisationspunkt
in der Mittelachse des
Parks.

D_{er} Prinzipalmarkt, die „gute Stube" Münsters, im frühen Morgenlicht. Das kulturelle Leben dieser westfälischen Stadt prägte die Dichterin nachhaltig. Zu der ländlichen Idylle der Burg Hülshoff fand sie hier einen geistigen Gegenpol, der ihrer Poesie einen neuen Ton gab.

Blick über den Aasee auf die Silhouette der Stadt Münster. Rechts heben sich die beiden Türme des Paulus-Doms gegen den Himmel ab. Auf der anderen Seite thront die Überwasserkirche über den Bäumen. In ihrer unmittelbaren Nachbarschaft lag das Stadthaus der Droste-Hülshoffs, bis die Familie es 1818 aufgab. Auch Christoph Bernhard Schlüter, der Freund und Briefpartner der Droste, wohnte in einem Haus gegenüber der Überwasserkirche.

Heide-
und Moormotive sind oft
benutzte Genrebilder in
Prosa und Lyrik der Droste.
Erst Annette von Droste-
Hülshoff hat die damalige
münsterländische Land-
schaft für das lyrische
Gedicht gewonnen. Die
Region war zu jener Zeit
zivilisatorisch unerschlos-
sen, geprägt durch ärmliche
Siedlungen und weite
Moor- und Heideflächen.
Schon die Droste ahnte, daß
diese Landschaftsform zu
verschwinden drohte: *Bevöl-
kerung und Luxus wachsen
sichtlich, mit ihnen Bedürfnisse und Industrie. Die
kleinen malerischen Haiden
werden getheilt; [. . .] fassen wir deshalb das Vorhan-
dene noch zuletzt in seiner
Eigenthümlichkeit auf, ehe
die schlüpfrige Decke, die
allmählich Europa über-
fließt, auch diesen stillen
Erdwinkel überleimt hat.*

Diese westfälische Landschaft bei Münster hat noch einiges von dem Charakter, wie er im Werk der Dichterin beschrieben wird: — *Fast jeder dieser Weidegründe enthält einen Wasserspiegel, von Schwertlilien umkränzt, an denen Tausend kleiner Libellen wie bunte Stäbchen hängen, während die der größeren Art bis auf die Mitte des Weihers schnurren, wo sie in die Blätter der gelben Nymphäen, wie goldene Schmucknadeln in emaillirte Schalen niederfallen, und dort auf die Wasserinsekten lauern, von denen sie sich nähren.*

Einige Kilometer nordwestlich des Münsterer Stadtteils Roxel liegt die Wasserburg Hülshoff. Wie bei fast allen Wasserburgen des Münsterlandes ist auch sie nach dem Konzept der Zwei-Insel-Anlage gebaut. Im 14. Jahrhundert als wehrhafter Sitz errichtet, erfuhr Hülshoff im 16. Jahrhundert einen beträchtlichen Umbau. Das Resultat war der Zweiflügelbau, wie wir ihn noch heute sehen. Hinzugefügt wurde 1870—1880 noch die neugotische Kapelle an der Ostseite des Hauptflügels.

Anders ist's im Hochstifte Paderborn, wo der Mensch eine Art wilder Poesie in die sonst ziemlich nüchterne Umgebung bringt, und uns in die Abruzzen versetzen würde, wenn wir Phantasie genug hätten, jene Gewitterwolke für ein mächtiges Gebirge, jenen Steinbruch für eine Klippe zu halten. − Die ersten, für die Entwicklung entscheidenden Stationen − Stationen zeitlicher Parallelität − hießen Münster und Bökendorf, in letzterem genauer: die Familie von Haxthausen.

Auf dem Bökerhof wohnte ihr Großvater mütterlicherseits, der Freiherr Werner Adolf von Haxthausen (1744−1823) mit seiner Familie. Die leibliche Großmutter war früh gestorben. Aus zweiter Ehe mit Maria Anna von Wendt-Papenhausen (1755−1829) erwuchs eine zahlreiche Nachkommenschaft. Als siebenjähriges Mädchen reiste Annette von Droste-Hülshoff erstmals zu diesen Verwandten und gewann die Zuneigung ihrer Stiefgroßmutter, die sie erwiderte. Vor 1820 wurde die Autorin mehrmals von ihren besorgten Eltern wegen ihres kränklichen Zustandes auf den Bökerhof und zur Abbenburg geschickt.

Das gebirgigte Westphalen mit seinen Waldhügeln und Wiesentälern prägte die junge Dichterin stark. Ihr nur fünf Jahre älterer Onkel August von Haxthausen (1792−1866) brachte von Göttingen, wo er damals studierte, Studienfreunde mit zum Bökerhof, darunter die Brüder Jacob (1785−1863) und Wilhelm Grimm (1786−1859), August von Arnswaldt (1798−1855) und Heinrich Straube (1794−1847), zu welchem sie eine frühe Neigung faßte. Alle waren literarisch sehr interessiert und versuchten sich selbst in Versen. Hier entstanden auch die frühen Gedichte der Droste. Sie verfaßte den ersten Teil ihres *Geistlichen Jahres*, einer von religiösen Zweifeln geprägten Dichtung, die für jeden Sonn- und Feiertag des Kirchenjahres ein Gedicht enthält. Vollendet ist bis 1820 nur der erste Teil, der bis zum *Ostermontage* reicht. In dieser Dichtung gelingt es ihr, sich von überkommenen Formen und Wen-

dungen zu lösen und einen eigenen lyrischen Ton zu finden. Selbstbewußt prophezeit sie schon mit 23 Jahren: *Meine Lieder werden leben, / Wenn ich längst entschwand, / Mancher wird vor ihnen beben, / Der gleich mir empfand.*

Unweit von Bökerhof und Abbenburg liegt das Dorf Bellersen, in dem die Droste wiederholt weilte. Von ihren Verwandten war ihr erzählt worden, daß in diesem Gerichtsbezirk der von Haxthausens ein Judenmörder gewesen sei, der sich den Gerichten entzogen habe, in türkische Sklaverei geraten und endlich als Krüppel zurückgekehrt sei. Schließlich habe er sich an demselben Baume erhängt, unter welchem er den Juden erschlagen haben sollte. In dem Kirchbuch des Dorfes Bellersen finden sich noch heute Eintragungen über die beschriebenen Vorkommnisse. Vor dem Hintergrund dieser realen Begebenheit konzipierte die Droste ihre *Judenbuche, ein Sittengemälde aus dem gebirgigten Westphalen*. Diese Erzählung

war der wohl bedeutendste literarische Niederschlag ihrer Aufenthalte im Paderborner Land. Vollendet wurde sie mit einer letzten redaktionellen Bearbeitung im Sommer 1841 im Rüschhaus.

Der Aufenthalt in dieser Region diente nicht zuletzt der gesundheitlichen Stärkung der Droste. Insbesondere litt sie an einem Augenleiden, durch das sie stark an ihrer Arbeit gehindert wurde: „Ihr Auge war so eigentümlich gebildet, daß sie auf

Maria Anna von Haxthausen, geb. von Wendt-Papenhausen, war die Stiefgroßmutter der Droste. Aus ihrer Ehe mit Werner Adolf von Haxthausen gingen 17 Kinder hervor. Sie übte eine große Anziehungskraft auf die Droste aus.

Werner Adolf von Haxthausen galt als einflußreicher westfälischer Freiherr zu Bökendorf. Seiner ersten Ehe mit Louise von Westphalen Heidelbeck (1754–1772) entstammte die Mutter der Dichterin.

eine Entfernung von fünf oder sechs Schritten die Physiognomien der Anwesenden nicht mehr erkennen konnte; dagegen aber in dem Glase Wasser, das sie ihrem Auge nahe brachte, die Infusorien zu erkennen vermochte", schreibt Levin Schücking in seiner Biographie „Annette von Droste. Ein Lebensbild." Auch durch eine längere Kur in dem nicht weit von der Abbenburg entfernten Bad Driburg hoffte man auf eine gesundheitliche Wiederherstellung und die Heilung des Augenleidens. Im Sommer 1819 fuhr sie, begleitet von ihrer Stiefgroßmutter, für längere Zeit dorthin. Es war schon damals bekannt, daß in dieses Bad Gäste von weither kamen. Dort verfaßte Annette ein kleines Bettellied für eine arme Frau, das sie auf einem Teller an andere Kurgäste weiterreichte. Diese Aktion soll dann auch besonderen Erfolg gehabt haben.

Gerade zwanzig Jahre alt, lernte sie im Kreis der Haxthausens zwei Männer kennen – Heinrich Straube und August von Arnswaldt –, die beide ihre Freundschaft suchten. Weil jeder von ihnen die Freundschaft erhielt und zugleich glaubte, eine Andeutung auf mehr von der jungen Frau empfangen zu haben, zogen sich gleich beide von ihr zurück. Dieses Verhalten der Freunde verführt zu Spekulationen…

Den Zeichner Ludwig Emil Grimm (1790–1863), der sich wiederholt auf dem Bökerhof aufhielt, regte die Begebenheit zu einer ironischen Karikatur an, auf der die Droste zwischen Straube und Arnswaldt zu finden ist. Beide werden hier mit dem Satz zitiert: „Einen kus aus eurem Munde meine Seele gäb ich drum."

Die Droste aber war überzeugt, Grund für den Bruch sei ein Fehlverhalten ihrerseits gewesen, was sie wiederum zu Schuldgefühlen und Rechtfertigungsversuchen veranlaßte.

Einige Auszüge aus einem sehr umfangreichen „Bekenntnisbrief" an ihre vier Jahre jüngere Tante Anna von Haxthausen (1801–1877), die spätere Ehefrau August von Arnswaldts, zeigen die ganze Verwirrung, in der sich die Dreiundzwanzigjährige damals befand: [...] *recht kann ich Dir auch nicht erklären, das könnte ich St[raube] ganz allein, aber den werde ich wohl nicht wieder sehen. Ach Gott ich ginge gern darum zu Fuß nach Göttingen, wenn es anging, Anna du weist wie lieb ich St[raube] immer gehabt habe, die Andern wissen es auch, ich habe nie ein Geheimniß daraus gemacht, schon in Hülshoff habe ich oft gesagt, er wäre mir lieb wie ein Bruder und im Grunde war er mir lieber, wie meine beyden Brüder, aber ich hielt es ehrlich für Freundschaft, wenn ich mir oft große Reichthümer träumte, was alle Tage geschah, so war mein Hauptgedanke, St[raube] immer um mich zu haben, und nun meint er wohl ich hätte ihn nie lieb gehabt; [...] Also bey Arns[waldt], das ist nicht gut, ich spreche ungern gegen Arns[waldt], denn ich muß ihn jetzt mehr schätzen wie je, aber je länger ich bedenke, je mehr finde ich, daß er es mit St[raube] innig gut gemeint, aber mit mir von Anfang an schlimmer, ich hatte Arns[waldt] sehr lieb, auf eine andre Art wie St[raube] [...], daß Arns[waldt] mir seine Neigung gestanden und ich stand keinen Augenblick an, auch meine Gesinnung offen zu gestehen, das glaubte ich irrig zu dürfen, da ich fest entschlossen war, ihm meine Hand zu verweigern, wenn er sie fordern sollte, ich entdeckte ihm deshalb mein Verständniß zu St[raube] nun entfaltete er das Mißverständniß und ich fühlte mich beschämt aber nicht erniedrigt, [...].*

Nach diesen unschönen Erlebnissen auf dem Bökerhof und der Abbenburg im Jahre 1820 hat die Droste das Hochstift für 18 Jahre gemieden. *So will ich immer schleichen / Nur an dein dunkles Tuch, / Und achtzehn Jahre streichen / Aus meinem Lebensbuch* sagt sie im gleichnamigen Gedicht zu der *Taxuswand*, die sie hier zur Zeugin des Geschehens macht.

D
ie
Brüder Werner und August
von Haxthausen scharten in
Abbenburg und Bökerhof
einen literarisch einflußrei-
chen Kreis um sich, dem
auch die Brüder Grimm und
die Nichte der Haxthausens,
Annette von Droste-Hüls-
hoff, angehörten. Das Haus
Abbenburg im Kreis Höxter
ist im Ursprung eine ehe-
malige Wasserburg aus dem
13. Jahrhundert. Vor allem
im 19. Jahrhundert ist das
Haus noch mehrfach umge-
baut worden.

chloß Thien-
hausen im Kreis Höxter.
1609 wurde das Herrenhaus
für Tönnies von Haxthausen
erbaut. Nach einem Brand
von 1905 wurde das
Gebäude originalgetreu wiederhergestellt. Im Hintergrund befindet sich ein
niedriger runder Eckturm
mit Kegeldach. Die Droste
besuchte Thienhausen wohl
während ihrer Aufenthalte
im damaligen Hochstift
Paderborn. Ihr Onkel
August von Haxthausen
übernahm das Gut 1846.

A uf einer Allee gelangt man zum Haus Bökerhof im Kreis Höxter, einer ehemaligen Wasserburg. Noch heute gehört es zum Gutsbezirk der Abbenburg. Um 1921 bekam das Gebäude, dessen Kern aus dem 17. Jahrhundert stammt, einen neuen Eingang und eine neue Freitreppe. Auf dem Bökerhof erlebte die Dichterin 1820 das unglückliche Ende ihrer Liebe zu Heinrich Straube.

Von nun an zog es Annette von Droste-Hülshoff zu ihren Angehörigen ins Sauerland oder an den Rhein, wenn sie verreisen wollte. Besonders waren es die Städte Köln, Bonn und Koblenz, denen sie Besuche abstattete. Nahe Verwandte führten sie ins Rheinland: der Freiherr Clemens von Droste-Hülshoff (1793–1832), der eine Professur für Kirchenrecht an der rheinischen Hochschule innehatte, oder ihr Onkel Werner von Haxthausen (1780–1842), der in Köln als Regierungsrat ansässig war und wie die Droste literarischen Neigungen nachging. Anschaulich schildert die Droste 1825 ihre erste Begegnung mit einem Rheindampfer: *Ein so großes Dampfschiff ist Etwas höchst Imposantes, man kann wohl sagen, Fürchterliches* – [...] *Wenn das Schiff stille steht, oder wenn der Dampf so stark wird, daß er die Sicherheitsventile öffnet, so fängt das Ding dermassen an zu brausen und zu heulen, daß man meint, es wollte sogleich in die Luft fliegen. Kurz das Ganze gleicht einer Höllenmaschine, doch soll gar keine Gefahr dabei sein, und ich möchte diese schöne Gelegenheit wohl benutzen, um nach Koblenz zu kommen, was in fünf Stunden möglich sein soll.* Nach Koblenz reiste sie dann auch, allerdings nicht mit der *Höllenmaschine.* Hier traf sie auf ihre alte Freundin Wilhelmine von Thielmann (1772–1842), die sie in Münster kennengelernt hatte, wo ihr verstorbener Mann, der General von Thielmann, als Kommandeur tätig gewesen war.

Die Aufenthalte am Rhein waren für Annette von Droste-Hülshoff noch in anderer Beziehung bedeutsam. Sie traf hier auf Sibylla Mertens-Schaaffhausen (1797–1857), die einer angesehenen und wohlhabenden Kölner Familie entstammte und mit dem Kölner Bankier Ludwig Mertens auf ihrem Gut Plittersdorf bei Bonn lebte. In dieser Frau fand die Droste viele ihrer Interessen vereint, Musikalität, Literatur- und Sprachkenntnis ebenso wie die Sammlertätigkeit. *Es sind grandiose Elemente in Ihr,* äußerte die Autorin, *aber wunderbar durcheinandergewürfelt* [...]. Sie fand in der Freundin beides: *zarteste Rücksicht und göttliche Grobheit* – eine seltsame Paarung!

Wenige Wochen nach der Heimkehr von einem weiteren Rheinaufenthalt heiratete am 11. Mai 1826 ihr Bruder Werner auf der Burg Hülshoff Karoline von Wendt-Papenhausen (1802–1881) und bewirtschaftete von nun an das nahe bei Münster gelegene Schloßgut Wilkinghege. Am 25. Juli 1826 traf die Familie der Dichterin der Tod des Vaters und Ehemanns Clemens-August von Droste-Hülshoff schwer. Sein Ableben hatte eine wesentliche Veränderung im Leben der Angehörigen zur Folge. Der älteste Sohn Werner übernahm nun als Nachfolger des Vaters die Burg Hülshoff zur Bewirtschaftung. Im September bezog die Mutter mit ihren beiden Töchtern Annette und Jenny das unweit von Hülshoff gelegene Rüschhaus.

Dieses Haus hatte der Vater noch 1825, wohl schon als Witwensitz, käuflich erworben. Damals wohnten in dem Haus, das der westfälische Barockbaumeister Johann Conrad Schlaun (1695–1773) in den Jahren 1745 bis 1749 als seinen Sommersitz erbaut hatte, Angehörige der Familie von Schonebeck, die mit den Hülshoffs befreundet waren. Das Rüschhaus Schlauns, ein Kleinod spätbarocker Baukunst, erhebt sich an der Stelle des alten Vorgängerbaus, eines einfachen Fachwerkbauernhauses. Schlaun realisierte hier eine Verbindung von Bauernhaus und herrschaftlichem Wohnsitz. Wenn man das Haus heute von der Deele oder der Küche her betritt, erhält man zunächst den Eindruck bäuerlicher Wirtschaft: Das Herdfeuer mit seinem großen Bosen, dem Rauchfang, ist in seiner Ursprünglichkeit erhalten. Über die eichene Treppe gelangt man zu dem nach Norden gelegenen Gartensaal. Dieser eignete sich in doppelter Funktion als Wohnraum und, wegen des in einer Wand eingebauten Hausaltars, als Hauskapelle an Sonntagen. Zu Zeiten der Droste erschien häufig der Hülshoffer Hausgeistliche Vikar Caspar Wilmsen (1769–1841), um hier die Sonntagsmesse zu lesen.

Der Raum neben dem Gartensaal, ursprünglich als Schlafzimmer konzipiert, wurde als weiterer Salon eingerichtet, um in ihm gelegentlich die Besucher empfangen und bewirten zu können. Die Wände wurden mit handgedruckten französischen Tapeten bekleidet, auf denen italienische Landschaftsmotive dargestellt sind. Daher gaben viele diesem Salon den Namen „Italienisches Zimmer".

Die Droste bewohnte nach der Heirat ihrer Schwester im Jahre 1834 drei kleine Zimmer, die in einem Zwischengeschoß auf der Westseite über der Deele liegen. Das erste Zimmer war ihr Arbeitszimmer. Sie nannte es wohl ihr „Schneckenhäuschen" – ein Ort also, an den sie sich zurückziehen konnte. Die hier herrschende Stimmung, die noch heute spürbar ist, wurde von Elise Rüdiger, einer engen Freundin der Droste, anschaulich geschildert. Nachdem diese vom Gartensaal gesprochen hat, fährt sie fort: „Ein fremder Besucher lernte nur diesen Empfangssaal kennen, für Vertraute aber wurde das eigentliche Wohnzimmer der Dichterin geöffnet, es war merkwürdig charakteristisch. Sie nannte es selbst ihr Schneckenhäuschen. Klein, schmal und niedrig lag es wie ein Versteck, an dem man an der breiten Treppe ahnungslos vorbei ging, wenn man nicht in seine Geheimnisse eingeweiht war. Vier kleine Fenster des Zimmers öffneten sich nach dem Waldrevier. Es war die Westseite und die Dichterin liebte es besonders, allabendlich den Sonnenuntergang durch die Bäume schimmern zu sehen. Die Schwalben nisteten an den Fenstern und flogen im Zimmer frei umher, als gehörte es zu ihrem Neste. [...] Auf dem großen, schwarzen Sofa pflegte Annette zu sitzen, um abwechselnd zu träumen, zu dichten und zu schreiben."

Oft hat Annette von Droste-Hülshoff diese Stimmung in Briefen aufgegriffen: [...] *es ist doch ein lieber heimlicher Ort, das Rüschhaus! – zwar klein kam es mir nach dem großen Meersburger Schlosse vor – klein wie ein Mauseloch – aber doch sehr lieb! [...] – ich war gestern Abend bis Zehn im Garten, Sie glauben nicht wie mild es war, wie duftig, dabey so sternen-*

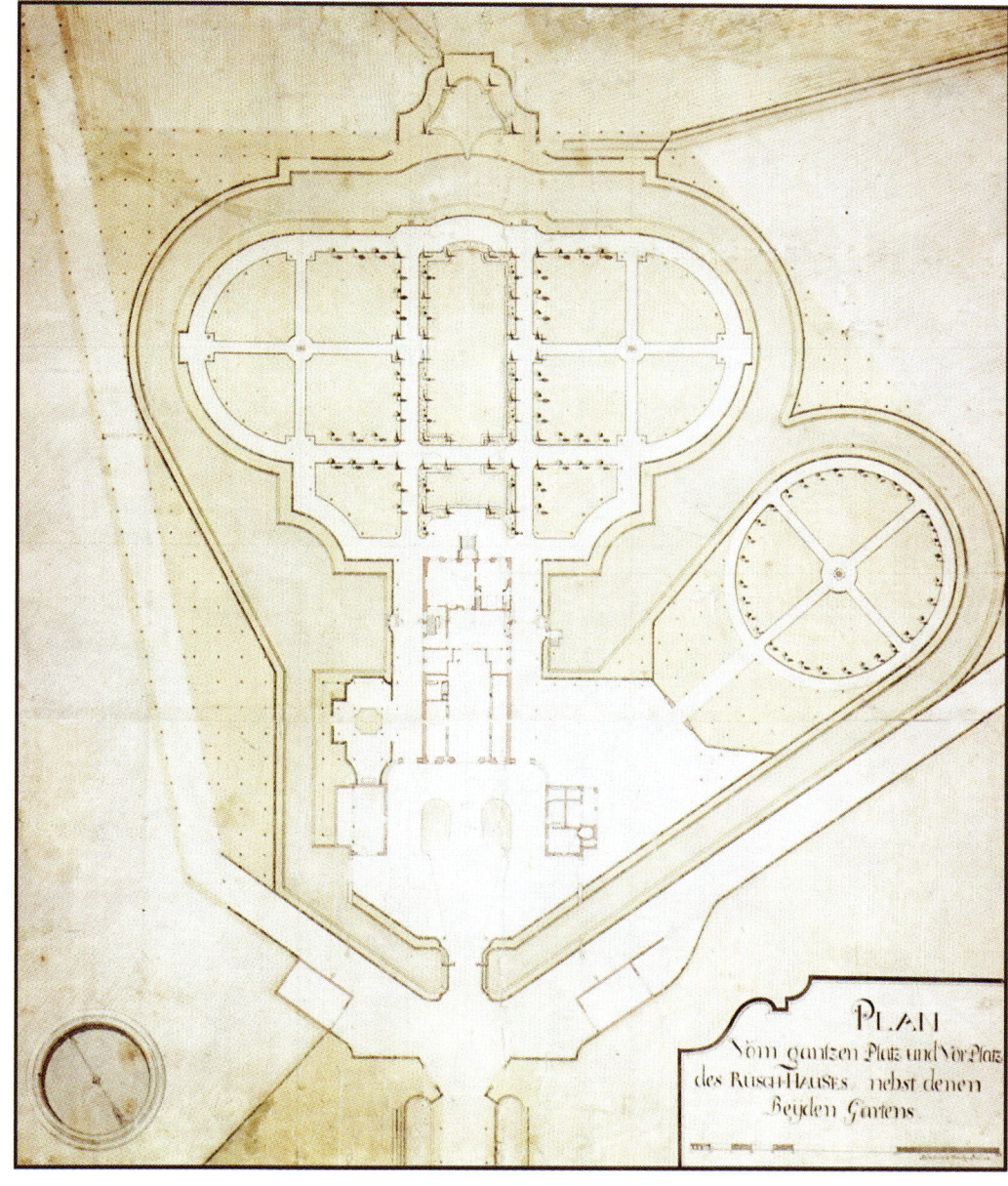

klar wie im Winter, – ich saß auf der Bank am Hause, ließ mir von den Nachtigallen vorsingen, von der Luft zuwehen, und war ganz und gar SIBARITISCH gestimmt.

In den Anlagen des Rüschhauses liegt ein kleines Gartenhäuschen, das die Schwester der Dichterin hat erbauen lassen.

Einen Privatgarten schuf der Barockbaumeister Johann Conrad Schlaun zwischen 1745 und 1749 für sein Rüschhaus. Der Garten liegt, von einer Gräfte umgeben, hinter dem Haus auf einer Halbinsel mit der Spitze zum Gebäude. An die östliche Seite lehnt sich ein zweiter, kleinerer Garten mit rundem Zentralfeld an.

Das Zusammenleben mit der Natur begann im Garten des Rüschhauses, der wohl damals eher englischer Prägung war, anders als der heutige, nach Schlaunschen Plänen rekonstruierte Kunstgarten. Im Rüschhauser Garten stehen seit 1774 vier Putti, die mit ihren allegorischen Beigaben die vier Elemente Wasser, Feuer, Luft und Erde darstellen. Es ist möglich, daß diese Putti der Autorin 1835/36 den Anstoß zu ihrem Gedicht *Die Elemente* gaben. Darin heißt es vom Wasser: *Natur schläft – ihr Odem steht, / Ihre grünen Locken hangen schwer, / Nur auf und nieder ihr Pulsschlag geht / Ungehemmt im heiligen Meer. / Jedes Räupchen sucht des Blattes Hülle, / Jeden Käfer nimmt sein Grübchen auf; / Nur das Meer liegt frei in seiner Fülle, / Und blinkt zum Firmament hinauf.* Das *Alleinsein mit der Natur* der Rüsch-

hauser Umgebung regte die Droste immer wieder zu sensibler Naturlyrik an. Auch verfaßte sie hier die Epen *Das Hospiz auf dem großen St. Bernhard* sowie *Des Arztes Vermächtniß*. Nicht zuletzt sollte sie im Rüschhaus an dem Fragment gebliebenen Westfalenroman *Bei uns zu Lande auf dem Lande* arbeiten und eine große Anzahl Balladen sowie einige ihrer späten Gedichte schreiben.

Im Februar 1834 nahm die Droste an einer Teegesellschaft bei ihrem Onkel Werner von Haxthausen in Münster teil, auf der sie Christoph Bernhard Schlüter begegnete. Durch dieses erste Zusammentreffen baute sich ein intensiver Kontakt zur Familie Schlüter auf. Schlüter besuchte sie bereits im Juli 1834 im Rüschhaus, als sie selbst weiter an dem Epos *Das Hospiz auf dem großen St. Bernhard* arbeitete. Er war es auch, der sie 1838 zur Herausgabe ihres ersten Gedichtbandes in Münster überredete.

Es fällt schwer, die persönliche Beziehung zwischen der Droste und Schlüter einzuschätzen. Den relativ wenigen persönlichen Treffen steht ein umfangreicher

Annette von Droste-Hülshoff war ein Siebenmonatskind. Ihre Amme Maria Catharina Plettendorf rettete ihr das Leben. Ihren Lebensabend verbrachte die alte Frau im Rüschhaus, wo sie 1845 starb.

Briefwechsel gegenüber. Sicher hat die Droste Schlüter sehr geschätzt, doch ihre Briefe an ihn zeigen nie jene Ungezwungenheit, wie sie für die Freundschaft der Dichterin mit Levin Schücking oder Elise Rüdiger typisch war.

Nach einer Stippvisite in Münster brach die Dichterin im August zu einer vierwöchigen Reise in die Niederlande auf. Als Mitreisende läßt sich wohl Antonietta de Galieris (1805–1857) anführen, die Tochter eines niederländischen Marine-Offiziers und als Pflegetochter gemeinsam mit den Hülshoffer Kindern aufgewachsen. Bezeugt ist dieser Ausflug im Spätsommer des Jahres 1834, der sich vor allem auf einen zweiwöchigen Aufenthalt in der Stadt Zutphen konzentrierte, durch ein recht unscheinbares Manuskriptblatt im Nachlaß der Dichterin. Auf ihm sind ohne rechten Zusammenhang Namen, Orte, Sehenswürdigkeiten, Begebenheiten und Kuriositäten verzeichnet. Der stichwortartige Charakter dieser Notizen läßt aber doch eine Rekonstruktion des Reiseverlaufs zu, der vorrangig Tagesausflüge erwähnt. So gelangte der westfälische Gast während seiner niederländischen Visite auch zur Sommerresidenz des niederländischen Königshauses, dem Palais Het Loo: *Kusbergens Gut, im Wirthshaus zu Loo, Madeira, Schloß gesehn, Gräfin Bending, Gräfin Rheden, Garten gesehn, große Heliotrop* lauten nur einige Notizen. Es folgen weitere Aufzählungen mit Beispielen vom Interieur des Palais. Die Sommerresidenz im Norden Apeldoorns wurde einschließlich des Schloßparks besichtigt. Allerdings war der ehemals berühmte Park, ein Meisterstück des 18. Jahrhunderts und inzwischen mit sämtlichen Details rekonstruiert und wiederhergestellt, zur Zeit des Besuchs der Droste nicht mehr vorhanden. Auch das eigentliche Palais präsentierte sich ihr als „Het Witte Loo", also in weißem Anstrich, der inzwischen wieder auf den ursprünglichen Backsteinbefund zurückgeführt worden ist.

Nach der Rückkehr von dieser Reise stand für die Dichterin nach dem Tod des Vaters und des Bruders Ferdinand eine weitere Trennung an: Im Oktober 1834 heiratete

auf Hülshoff ihre Schwester den Freiherrn Joseph von Laßberg. Drei Jahre waren vergangen, seit Laßberg Jenny von Droste-Hülshoff auf Eppishausen begrüßt hatte, als diese mit den Haxthausenschen Verwandten eine Reise in die Schweiz unternahm. Drei Jahre brauchte es auch, bis die Mutter ihre Einwilligung zu der Vermählung mit dem so viel älteren Mann aus einem für damalige Reiseverhältnisse weit entfernten Land gab. Vor der Verabschiedung der Hochzeitsgäste planten die Droste und ihre Mutter bereits für Frühjahr oder Sommer 1835 eine Reise nach Eppishausen.

Im Herbst 1834 holte die Droste ihre alte Amme Maria Catharina Plettendorf (1765–1845) ins Rüschhaus. Sie hatte ein besonderes Verhältnis zu dieser einfachen Webersfrau aus Altenberge. Das hängt damit zusammen, daß die Droste ein Siebenmonatskind war, dessen Überleben

zunächst keineswegs sicher zu sein schien. Maria Catharina Plettendorf verdankte sie ihr Leben. Das Wissen darum spiegelt sich in dem unvollendeten Jugenddrama *Bertha*, in dem die Droste schildert, wie eine Weberin, die eben Mutter geworden ist, sich bereit erklärt, Amme für ein zu früh geborenes Kind zu sein. Zeitlebens war die Dichterin der alten Frau dankbar. Und so verbrachte die *Alte* den Rest ihres Lebens — sie starb am 23. Februar 1845 — im Haus Rüschhaus. „Früh morgens", so

Diese Zeichnung der Dichterin zeigt ihr Wohn- und Arbeitszimmer. Die Atmosphäre des Raumes ist mehrfach beschrieben worden. So berichtet Elise Rüdiger, eine enge Freundin der Droste: „Es war merkwürdig charakteristisch. Sie nannte es selbst ihr Schneckenhäuschen."

ich beim Besuche des Arztes, der übrigens, wie Alle, über die Homöopathie lacht, sagte dieser der Patientin gleichsam scherzweise, sie solle sich einmal in meine homöopathische Kur begeben, weil ich doch so großen Werth auf diese neue Heilmethode lege. Diese ergriff die Äußerung mit gewohnter Lebhaftigkeit und machte mir den Antrag im Ernst, den ich auch zu übernehmen mich erbot, wenn ihr Hausarzt, ein sehr geschulter Mann, auch mein Hausarzt und Freund, dieses gestatten wolle und die Versicherung gäbe, daß eine Verzögerung bei der bisherigen allopathischen Behandlung keine Nachteile herbeiführe. Beides wurde von dem Arzt bewilligt."

Sich einem Homöopathen anzuvertrauen, war für die gesundheitlich sensible Droste von großer Bedeutung. Gerade ihre leichte hypochondrische Veranlagung, ihre ständige Selbstbeobachtung machte sie empfänglich für eine homöopathische Behandlung. Von der Zeit des ersten Treffens mit Bönninghausen an lehnte sie die Schulmedizin ihrer Epoche mit wenigen Ausnahmen ab. So wünschte sie sich während ihres letzten Meersburger Aufenthaltes, trotz anderer ärztlicher Betreuung, wiederholt ihren Homöopathen herbei. Mehr noch, seine Abwesenheit führte dazu, daß sich ihre Todesangst immer mehr verstärkte, war doch die Droste überzeugt davon, falsch behandelt zu werden.

Von ihren ratlosen Ärzten wurde die Droste an den Homöopathen Clemens Maria von Bönninghausen verwiesen. Nach erfolgreicher Behandlung blieb sie der Naturheilkunde treu.

berichtet Christoph Bernhard Schlüter, „ging sie zu der Kammer ihrer sehr alten Amme mit der steten Furcht, sie nicht mehr am Leben zu finden. Sie zog ihr die Jacke an, denn die Amme behauptete, keiner könne das außer Fräulein Nette. Dann, nachdem sie sich ein Weilchen mit ihr unterhalten und für ihre nächsten Bedürfnisse gesorgt, begab sie sich wieder zu Bette."

In der Folgezeit war die Droste immer wieder bei dem Naturwissenschaftler und Juristen Clemens Maria von Bönninghausen (1785–1864) in Behandlung, der seit 1828 als homöopathischer Arzt in Münster praktizierte. Die Dichterin suchte ihn unter anderem auf, weil sie unter Wechselfieber und nervösem Kopfleiden litt. Im Nachlaß Bönninghausens, eines der ersten Schüler Samuel Hahnemanns, des Begründers der Homöopathie, findet sich der Beginn der Krankengeschichte des „Fräulein Nettchen von Droste-Hülshoff", seiner ersten Patientin: „Einige 30 Jahre alt, blond und sehr aufgeregten Gemütes, mit ungewöhnlichem Verstande und ausgezeichneten Talenten für Poesie und Musik, litt seit längerer Zeit an Engbrüstigkeit und hatte sich fest in den Kopf gesetzt, daß sie durch die Pflege ihres im letzten Frühjahre an der Schwindsucht verstorbenen Bruders ebenfalls von dieser Krankheit angesteckt sei. Auch ihr Arzt, der ihr mancherlei Arzneien verschrieben, welche aber sämmtlich ihre Beschwerden vermehrten, erklärte sie für schwindsüchtig und stellte ihr eine sehr ungünstige Prognose. Eines Abends, wo

D ie
Gartenanlage von Haus
Rüschhaus, 1983 in
barocker Symmetrie rekon-
struiert, dürfte zu Lebzeiten
der Droste in ihrer Funk-
tion als bäuerlicher Blu-
men- und Nutzgarten eher
dem Zeitgeschmack des
„natürlichen" Englischen
Gartens entsprochen haben.
Die Dichterin hat ihn als
Idylle erlebt: *Es ist jetzt so
schön hier. Der ganze Garten umbuscht von Syringen
[Flieder], drei, vier Nachtigallen zugleich, womit soll
ich Euch denn noch den
Mund wäßrig machen,
damit ihr kommt?*

Die
Dichterin nannte ihr im
Zwischengeschoß gelegenes
privates Wohnzimmer ihr
„Schneckenhäuschen". Es
vermittelt noch heute den
Eindruck, sie habe sich
hierhin zum Lesen, Arbei-
ten und Schreiben zurück-
ziehen können. An dem
erhaltenen Schreibsekretär
der Droste ist neben der
Judenbuche auch ein Teil
des *Geistlichen Jahres* entstanden. Das schwarze
Wachstuch-Sofa entspricht
wohl dem nicht erhaltenen
der Droste, von dem aus sie
durch das sogenannte „Auge
des Herrn" einen Blick in
die Küche werfen konnte.

Die beiden Glasvitrinen im Gartensaal von Haus Rüschhaus sind mit Büchern, Porzellan und Schmuck aus der Zeit der Droste bestückt. Neben Besuchen und Reisen brachten vor allem Bücher Abwechslung in das Rüschhauser Leben der Dichterin. *Ich liege jetzt jeden Nachmittag auf der Harfe — morgens steht die Sonne auf der Treppe — lese eine Menge älterer Bücher — Geschichtswerke — lateinische Classiker die sich seit zwanzig Jahren in dem unzulänglichen Schrank über dem Flügel braun und gelb geärgert haben.*

I m letzten der drei Entresolzimmer im Rüschhaus dokumentiert sich die Sammelleidenschaft der Droste, die dem Bestreben der Biedermeierzeit, „zu sammeln und zu hegen", entsprach. Von der Droste selbst sind Reste ihrer Stein-, Mineralien- und Fossiliensammlungen zu sehen. Ein Neffe der Dichterin, Ferdinand von Droste-Hülshoff (1841–1874), war ein bekannter Ornithologe, dessen bedeutende Vogeleiersammlung ebenfalls in einem Schrank aus der Biedermeierzeit ausgestellt ist.

E twa sieben Kilometer nordwestlich der Münsterer Innenstadt liegt das Haus Rüschhaus in der Bauerschaft Schonebeck. 1743 erwarb das alte einfache Bauernfachwerkhaus, das schon den Namen Rüschhaus trug, der Münsterer Landingenieur und Artillerist Johann Conrad Schlaun. Von 1745 bis 1749 ließ Schlaun dort das heutige Rüschhaus als Sommersitz für sich selbst erbauen. Damit gelang ihm die Synthese von westfälischem Bauernhaus und französischem Herrensitz. Mehr als 20.000 Gäste besuchen heute jährlich das Rüschhaus, in dem Annette von Droste-Hülshoff von 1826–1846 lebte.

E s war die Welt des Mikrokosmos, in der die Dichterin nicht zuletzt wegen ihrer extremen Kurzsichtigkeit lebte. Ausdrucksvoll heißt es in ihrem Gedicht *Der Weiher: Er liegt so still im Morgenlicht, / So friedlich, wie ein fromm Gewissen; / Wenn Weste seinen Spiegel küssen, / Des Ufers Blume fühlt es nicht; / Libellen zittern über ihn, / Blaugoldne Stäbchen und Karmin, / Und auf des Sonnenbildes Glanz / Die Wasserspinne führt den Tanz; / Schwertlilienkranz am Ufer steht / Und horcht des Schilfes Schlummerliede; / Ein lindes Säuseln kommt und geht, / Als flüstr' es: Friede! Friede! Friede!*

Seit dem Umzug ins Haus Rüschhaus im September 1826 legte die Droste den etwa fünf Kilometer langen Weg zwischen Hülshoff und Rüschhaus oft zu Fuß zurück. Dies nicht nur dann, wenn die Wege für Pferdewagen nicht passierbar waren: Sie erging sich auch gern ohne äußeren Zwang in „ihrer" westfälischen Landschaft. Die Natur ihres unmittelbaren Lebensraums skizziert sie in ihren *Westphälischen Schilderungen: In jedem Baume ein Nest, auf jedem Aste ein lustiger Vogel, und überall eine Frische des Grüns und ein Blätterduft, wie dieses anderwärts nur nach einem Frühlingsregen der Fall ist.*

Die für den Mai 1835 geplante Eppishausenreise wurde auf Ende Juli verschoben. Als die homöophatische Behandlung endlich Wirkung zeigte und eine Gesundheitsbesserung eintrat, reisten Mutter und Tochter über Bonn nach Eppishausen, wo sie im August ankamen.

Für Annette von Droste-Hülshoff war es nach dem Tod ihres Vaters und des Bruders Ferdinand ein weiterer Verlust gewesen, als ihre Schwester Jenny 1834 den Freiherrn Joseph von Laßberg heiratete und ihre Wohnung vom Rüschhaus zunächst nach Schloß Eppishausen in die Schweiz verlegte. *Zur Reise in die Schweiz kann ich mich nicht so recht oder vielmehr garnicht freuen, man hört und liest viel Herrliches davon, aber ich mag fremde Länder nur durchreisend sehn, − ein Sperling in der Hand ist besser wie eine Taube auf dem Dache, − wär Jenny nicht dort und ging Mama nicht mit, dieses gelobte Land möchte, meinerwegen, bey seinem Namensbruder in Asien wohnen −.* Dennoch verbrachte sie eine längere Zeit bei ihrer Schwester in der Schweiz, wobei sich ihr erstes Urteil durchaus relativiert: *Die Gegend ist unvergleichlich, die Nachbarn zuvorkommend.*

Der Aufenthalt bis zum Oktober 1836 war mit kleinen Ausflügen ausgefüllt, die auch in die Appenzeller Alpen führten. Nach einem Kutschenunfall in der Nähe von Altnau erlaubt sich die Dichterin in einem Brief an ihren Onkel Carl von Haxthausen in Hildesheim ein Urteil über die „Geschicklichkeit" der Schweizer Kutscher: *− wir, nämlich Mama und ich mit noch vier Anderen, haben vor 14 Tagen eine kleine Bergreise gemacht, in die Apenzeller Alpen, wo wir fleißig Milch getrunken, Alpenrosen gepflückt, und mitten im August im Schneefelde gestanden haben, das Merkwürdigste aber ist, daß wir binnen 4 Tagen, drey verschiedene*

Kutscher gehabt haben, wovon Uns der Erste umwarf, der Zweite ein noch ungebrauchtes [Lücke im Manuskript] *und der Dritte ein kollriges Pferd vorspannte, so daß wir dreymahl in die gröste Lebensgefahr gerathen sind, − es giebt überhaupt nichts elenderes als einen Schweizer Kutscher, grenzenlos ungeschickt, furchtsam wie alte Weiber, und doch aus Habsucht das Unvernünftigste unternehmend, sie verstehn die Kunst dich auf der ebensten CHAUSSÉE auf die Seite zu legen, jeden Stein, jedes etwas tiefe Wagengleis wissen sie dazu zu benutzen, sie kennen sich auch selbst darin, und krüppeln wenigstens die Hälfte jedes Weges mit angelegtem Radschuh, daß man vor Ungeduld aus der Haut fahren möchte, und doch ist der Eigennutz so groß bey Ihnen, daß du nicht erwarten darfst, wenn du einen Kutscher um vier Pferde ansprichst, daß er dir gestehn werde, er habe nur zwey, sondern um den Verdienst nicht zu versäumen, nimmt er lieber die ersten besten zwey Fohlen von der Weide, und setzt ohne Bedenken sowohl seinen als deinen Hals dran − es geht auch keine Woche hin, daß man* *nicht von Unglücksfällen hörte, und du magst fragen, wen du willst, jeder ist schon vielmahls umgeworfen, und hat auch mitunter Schaden genommen, wär es auch nur ein zerschlagener Kopf oder geschundenes Bein, aber die Leute meinen, das gehöre so dazu. −*

Nachdem die Schwester der Dichterin, Jenny von Droste-Hülshoff, 1834 den Freiherrn von Laßberg geheiratet hatte, bezogen beide das Schloß Eppishausen im Schweizer Kanton Thurgau. Die Zeichnung stammt von der Hand Jennys und zeigt im Vordergrund ihren Mann.

Im März 1836 kamen ihre Nichten, die Zwillinge Hildegard (1836—1914) und Hildegunde (1836—1909) von Laßberg, zur Welt, so daß sie Aufgaben bei der Kinderpflege übernahm — eine Rolle, die die Droste als „Tante Nette" bereits für die Kinder ihres Bruders Werner spielte. Sie verfolgte auch noch später die Entwicklung ihrer Nichten und Neffen interessiert, wenn ihr auch deren stetig anwachsende Schar manchmal zur Belastung wurde, wie aus manch einer mehr oder weniger ironischen brieflichen Bemerkung hervorgeht: *Ich muß nachher nach Hülshoff, dort erwartet mich der neunfache Segen meines Bruders.*

Bis zur Abreise im Oktober 1836 war der Aufenthalt gefüllt mit Ausflügen und Besuchen. Die Rückreise endete für die Droste in Bonn, wo sie bei ihrer Cousine Pauline von Droste-Hülshoff (1797—1871) über das Weihnachtsfest hinaus bis zum Februar 1837 blieb. Als sie in Münster ankam, herrschte dort eine Grippeepidemie, von der auch die Autorin nicht verschont blieb und unter der sie nachhaltig zu leiden hatte.

Doch schon im März reiste sie wieder: diesmal zur Abbenburg in das Hochstift Paderborn, das sie nach 18 Jahren wiedersah. Neben den Treffen mit vielen Mitgliedern der Familie von Haxthausen und deren Verwandten ging die Droste ihrer Lieblingsbeschäftigung nach: dem Sammeln von Steinen und Mineralien.

Auch ihre Freundschaft zu Amalie Hassenpflug (1800—1871) erneuerte sich. Sie hatte die drei Jahre jüngere Frau während eines Besuchs in Kassel im August 1818 kennengelernt. Nach dem gemeinsamen Aufenthalt in Bökendorf kam es zwischen der Droste und Amalie Hassenpflug zu zwei weiteren Zusammentreffen im Hochstift Paderborn und zu einem regen Briefwechsel, ehe im Jahre 1843 der Kontakt ganz abriß. In literarischer Hinsicht hat die Droste von dieser Freundschaft — sie hatte in Amalie Hassenpflug eine fachkundige Gesprächspartnerin gefunden — eine wesentliche Anregung zu ihrem Fragment gebliebenen Prosawerk *Bei uns zu Lande auf dem Lande* empfangen. Auch widmete sie der Freundin drei Gedichte: *Locke und Lied, Der Traum. An Amalie H.* und *Spätes Erwachen.* Amalie Hassenpflug ist später neben ihr auf dem Meersburger Friedhof begraben worden.

Nach der Rückkehr ins Rüschhaus hinderten sie gesundheitliche Instabilitäten an der literarischen Arbeit. Immer wieder ist es ihr Homöopath von Bönninghausen, der eine schlechte körperliche und seelische Verfassung konstatiert: „das Zahnweh ... jetz wieder da [...], noch Krampf im Unterleibe; Bohren in den Zähnen, Ohren, Schläfen und Gesichtsknochen."

Trotzdem versuchte sie sich an Opernkompositionen: *Die Wiedertäufer wären das Einzige, was mich reizen könnte, da ich so große Lust habe den Text zu schreiben.* Es sollten Fragmente bleiben, da ihr die *Katastrophe,* wie die Droste diese historische Begebenheit nennt, einige Zeit später *zu gräßlich, auch zu gemein* ist. Mit zunehmender Besserung ihres Gesundheitszustandes nahm im Herbst auch die literarische Produktion zu, die jedoch häufig von Besuchen unterbrochen wurde.

Trotz einiger Zweifel willigte die Droste nun auch ein, ihre erste Lyrik-Anthologie im Verlag Aschendorff in Münster, einem damals sehr kleinen Verlag, der vorwiegend ein religiöses Literaturœuvre pflegte, zu publizieren.

Bis zum Jahr 1838 war noch nicht einmal in Zeitschriften oder den in der Biedermeierzeit so beliebten Almanachen und Taschenbüchern ein Gedicht von ihr erschienen. In das redaktionelle Vorfeld der Ausgabe mischte sich auch die Familie mit „Empfehlungen" ein, die aber keinerlei Berücksichtigung fanden. Am 11. August 1838 ließ dann der Verleger im „Münsterischen Intelligenzblatt" und im „Westfälischen Merkur" eine Anzeige abdrucken: *Gedichte von Annette Elisabeth v. . D. . . . . H. . . . . . .* — „gr. 12° auf feinem Velinpapier im Umschlag cartonniert . . . 25 Sgr". Es wurden 400 Exemplare gedruckt, von denen letztlich nur 74 Exemplare verkauft worden sind — ein Mißerfolg, der nicht zuletzt auf die unglückliche, literarisch fast abenteuerliche Zusammenstellung Christoph Bernhard Schlüters zurückzuführen ist. Über den „Erfolg" der Ausgabe schreibt die Autorin an ihre Schwester Jenny von Laßberg: *Nun tun alle die Mäuler auf und begreifen alle miteinander nicht, wie ich mich so habe blamiren können [. . .] — obschon nun, wie gesagt, das Urteil eines solchen Kritikers mich wenig rühren konnte, so mußte ich doch zwischen diesen Leuten leben, die mich bald auf feine, bald auf plumpe Weise verhöhnten und aufziehen wollten.*

Trotzdem deutete diese Publikation bereits an, daß die Verfasserin eine Ausnahme unter den dichtenden Frauen darstellte. So gelangte etwa ein Exemplar in die Hände Jacob Grimms; das der Droste übermittelte Urteil lautete, *die Gedichte seyen sehr gewandt in der Sprache, voll feiner Züge, und vom Anfange bis zu Ende, durchaus ORIGINELL.*

Neben Einzelveröffentlichungen in Almanachen, wie etwa der „Coelestina",
wandte sie sich in der Folgezeit vermehrt
der Arbeit an ihrer *Judenbuche* zu. In
Münster bildet sich in dieser Zeit ein ge-
selliger Zirkel um die literarisch versierte
Elise Rüdiger, die das gesellschaftliche
Leben in den Salons der Rahel Varnhagen
und Henriette Herz kennengelernt hatte
und Persönlichkeiten wie Chamisso, Fou-
qué und Varnhagen von Ense begegnet
war. Von der Dichterin wurde der Kreis
ironisch als *Heckenschriftsteller-Gesell-
schaft* bezeichnet; trotzdem nahm sie gelegentlich daran teil. Über diesen Zirkel ent-
wickelte sich 1839 auch der nähere Kontakt zu Levin Schücking, der für die
nächsten Jahre in ihrem Leben eine domi-
nierende Rolle spielen sollte und sie schon
bald wiederholt im Rüschhaus besuchte.
Schücking entstammte einer westfälischen
Familie, wenn er selbst auch im früheren
Niederstift, in Clemenswerth bei Sögel,
geboren wurde. Er hatte in Münster und
Osnabrück die höhere Schule besucht und
dann sieben Semester Jura in München,
Heidelberg und Göttingen studiert. Seit
dem Sommer 1837 versuchte er, in Münster als freier Schriftsteller Fuß zu fassen.
Der Auftrag, im September 1840 das
„Malerische und romantische Westphalen" zu verfassen, war die erste große
Bewährungsmöglichkeit, die ihm geboten
wurde. Im Herbst 1841 verschaffte ihm die
Droste eine Bibliothekarsstelle bei Laßberg in Meersburg. Vom Herbst 1843 an
war er für zwei Jahre als Redakteur an der
„Augsburger Allgemeinen Zeitung" Cottas tätig, danach für sieben Jahre im Feuil-
leton der „Kölnischen Zeitung". Dann
konnte er sich endlich seinen Lieblings-
wunsch erfüllen: ein kleines Gut in Sas-

senberg, das schon im Besitz seiner Familie gewesen war, zu erwerben und als
freier Schriftsteller dort, in Münster und
auf Reisen tätig zu sein.
Nach dem Tod ihrer Freundin Katharina
Schücking (1791−1831), der Mutter
Levins, hatte Annette von Droste-Hülshoff
auf deren Bitte hin Schücking gegenüber
eine „Mutterrolle" eingenommen. Der
nur wenig erhaltene Briefwechsel beider
führte zu vielen Spekulationen. Hat etwa
die Droste ihre „Mutterrolle" zu ernst genommen? War sie möglicherweise sogar
indigniert wegen Schückings späterer Heirat mit Luise von Gall? Das wäre immer-
hin eine Erklärung für die beklemmende
Situation im Mai 1844 auf der Meersburg,
als das Ehepaar Schücking die Dichterin
besuchte.

Die Besuche Schückings im Rüschhaus
wurden zunächst von einem weiteren Aufenthalt der Droste auf Abbenburg unterbrochen, wo sie erneut eine Schrift aus der
Feder ihres Onkels August von Haxthau-

Im Mai 1840 besuchte
Adele Schopenhauer die
Dichterin im Rüschhaus.
Während des Besuchs ent-
stand dieses Droste-Porträt
der Schopenhauer.

sen zur Hand nahm: „Die Geschichte eines Algierer-Sklaven", eine der indirekten Vorlagen für die *Judenbuche.* Auch die Arbeit am zweiten Teil des *Geistlichen Jahres rückt brav voran.* Nach der Rückkehr ins Rüschhaus wurde die Droste nun regelmäßig von Schücking besucht. Gemeinsame Spaziergänge und Ausflüge in die nahe Umgebung standen ebenso auf dem Programm wie ein regelmäßiger Brief- und Bücheraustausch.

In seinen Lebenserinnerungen schreibt Schücking über diese Zeit: „Ein Mal in jeder Woche auch, am Dienstage, wanderte ich nach Tisch zu ihr hinaus, über Ackerkämpe, kleine Haiden und durch ein Gehölz, an dessen Ende ich oft ihre zierliche kleine Gestalt wahrnahm, wie sie ihre blonden Locken ohne Kopfbedeckung dem Spiel des Windes überließ, auf einer alten Holzbank saß und mit ihrem Fernrohr nach dem Kommenden ausblickte. Ich wurde dann zunächst in ihrem Entresolzimmerchen mit dem klassischen westfälischen Kaffee gelabt, ein Teller mit Obst stand im Sommer und Herbst daneben − eine kleine Streiferei in der nächsten buschreichen Umgebung des Hauses wurde dann gemacht; zu dem ihrem Bruder gehörenden alten Hause Schenking z. B., wo von der Pächterin ein frisches Gänseei requirirt wurde, das Annette mit einem verwegen starken Zusatz von Zucker zu einem vortrefflichen Crème verarbeitete und das verzehrt wurde im Schatten irgendeiner alten Wallhecke oder Eichengruppe. Sie führte dabei zumeist ihren leichten Berghammer bei sich, und wir kehrten selten heim, ohne daß mir alle Taschen von allerlei Kieseln und Feuersteinen und anderen Raritäten gestarrt hätten −."

Die nächste Zeit brachte vor allem die literarische Reifung der Dichterin. So gelangte etwa *Das geistliche Jahr* bis auf eine endgültige Überarbeitung zur Reinschrift: − *und jetzt vollende ich den*

CYCLUS der geistlichen Lieder, die aber auch nicht der Art sind, daß sie heraus kommen können..., urteilt die Autorin und fährt fort: *ich habe jetzt eine Erzählung fertig, von dem Burschen im Paderbörnischen, der den Juden erschlug.* Bereits im März 1840 äußert sich Schücking positiv über dieses Werk, *Die Judenbuche.* In der Folgezeit entstanden Gedichte wie *Die Vendetta, Die Vergeltung* oder *Die Mutter am Grabe.*

In diese produktive Phase fiel im Mai des Jahres der Besuch von Adele Schopenhauer (1797−1849), der Schwester des Philosophen Arthur Schopenhauer, im Rüschhaus. Durch die Rheinreisen und die gemeinsame Bekanntschaft mit Sibylla Mertens-Schaaffhausen hatten sich die beiden Frauen kennen- und schätzengelernt; so schreibt Adele Schopenhauer, die Droste sei eine ihrer „intimsten Freundinnen".

Die Besucherin war in Weimar in der Umgebung Goethes aufgewachsen, mit dem sie bis 1831 im Briefwechsel stand. 1829 siedelte sie mit Hilfe von Sibylla Mertens-Schaaffhausen nach Bonn über. In Weimar und Jena hatte sie für die Gedichte der Droste von 1838 geworben und begann 1844 mit eigenen schriftstellerischen Arbeiten. Über den Aufenthalt im Rüschhaus schreibt sie: „Wir heizen tüchtig, wir leben winterlich, klösterlich still und sacht − man träumt fast, anstatt zu leben. Da ruhe ich denn aus, an der Seite des geistreichsten Wesens, daß ich unter Frauen kenne. Ich bliebe gern 6−8 Wochen. Ich würde hübsche Sachen denken und machen. Es würde manches für fernere Zeit Bleibende entstehen."

Im Sommer des Jahres 1841 begann Annette von Droste-Hülshoff mit der Arbeit an ihrem Stück *Perdu!,* das sie im November abschloß. Vor allem aber berichtete Schücking der Droste, daß er die von Ferdinand Freiligrath (1810−1876) begonnene Arbeit am „Malerischen und romantischen Westphalen" übernommen habe. Dieses Buch, von Freiligrath konzipiert, von Levin Schücking in Verbindung mit der Droste zu Ende geführt und von Carl Schlickum (1808−1869) illustriert, kennzeichnet die Landschaft Westfalen in der Epoche von Biedermeier und Vormärz. Die Balladen-Beiträge Annette von Droste-Hülshoffs gehen auf die Initiative von Levin Schücking zurück. Drei von ihnen − *Das Fräulein von Rodenschild, Der Schloßelf* und *Vorgeschichte* − bilden thematisch eine Einheit, indem sie Gespenstisches aus dem Leben in Schlössern zusammen mit Genealogischem darstellen. Die anderen Balladen, wie z. B. *Kurt von Spiegel* oder *Der Tod des Erzbischofs Engelbert von Köln,* unterscheiden sich dadurch von der ersten Gruppe, daß sie Historien oder Sagen zum Inhalt haben. Das Zustandekommen so bedeutender Balladen trug aber nicht nur zum Gelingen des „Malerischen und romantischen Westphalen" bei, sondern war auch eine Probe für die literarische Zusammenarbeit zwischen der Droste und Schücking, die dann ein halbes Jahr später in der unerwarteten Produktion des Meersburger Winters gipfeln sollte.

Die Freundschaft mit Levin Schücking, dem Sohn der Freundin Katharina Schücking, geb. Busch, war im Leben der Droste die wohl intensivste Beziehung. Während des gemeinsamen Aufenthalts auf der Meersburg im Winter 1841/42 übernahm Schücking für die Dichterin eine Art Ventilfunktion. So konnte dieser Winter zur literarisch bedeutendsten Schaffenszeit werden.

Schloß
Eppishausen, ein Lehen des
Hochstiftes Konstanz,
wurde im Jahre 1364 erst-
mals erwähnt. Im Jahre
1406 völlig zerstört, wurde
es 1759 als Statthalterei des
Klosters Muri neu erbaut.
Im Herbst 1812 erwarb es
Joseph von Laßberg für sich
und bewohnte es bis zum
späteren Umzug auf die
Meersburg. Die Droste
besuchte 1835 das Schloß
ihres Schwagers in der
Schweiz: *Aber jetzt bin ich,
so Gott will, ins Standquar-
tier eingerückt, und wahr-
lich, das Plätzchen ist nicht
übel.*

D ie Schreibwerkstatt Annette von Droste-Hülshoffs, der Sekretär im Rüschhauser „Schneckenhäuschen": Neben Stücken aus ihrer Mineralien- und Fossilien- sammlung und dem Aus- schnitt aus einem Brief an die Mutter findet sich die 1838 halbanonym erschie- nene erste Anthologie ihrer Gedichte. Neben den Meersburger Balladen zäh- len die Werke, die im Rüschhaus entstanden sind, zum literarisch Besten des Drosteschen Œuvres.

Neben einer Verschlechterung der Gesundheit und weiterer Arbeit für das „Malerische und romantische Westphalen" brachte das Jahr 1841 Annette von Droste-Hülshoffs erste Reise nach Meersburg. Im Januar 1838 hatte Joseph von Laßberg die Gelegenheit ergriffen, auf das Alte Schloß in Meersburg zu bieten, und es schließlich erstanden − für den Altphilologen eine „Wonung" par excellence. Hier fand er genügend Raum für seine beträchtliche Bibliothek, die später einen Umfang von über 11.000 Bänden erreichte. Im September des Jahres war dann der Umzug der Familie von Laßberg von Eppishausen nach Meersburg erfolgt.

Zusammen mit ihrer Schwester Jenny bereitete die Droste 1841 ohne Wissen der Mutter einen Aufenthalt Schückings als Bibliothekar auf dem Schloß vor. Auch sie selbst entschloß sich zur Teilnahme an dieser Reise. Sie fuhr zusammen mit ihrer Schwester, die zu diesem Zeitpunkt in Westfalen weilte. Wenig später traf auch Levin Schücking in Meersburg ein. Er nahm in der folgenden Zeit gelegentlich an Besuchen und Ausflügen teil, an Spaziergängen am Ufer des Bodensees, an Streifzügen durch die Gewölbe des Alten Schlosses oder an Besuchen im „Glaserhäuschen", dem Gasthaus des Wirtes Figel.

Die Droste und Schücking nahmen sich vor, den Winter für literarische Arbeit zu nutzen. Schückings Anwesenheit hatte dabei für die lyrische Produktion der Dichterin eine Art Ventilfunktion. So berichtet dieser von einer Wette zwischen ihnen: „Sie meinte deshalb mit großer Zuversicht, einen reputirlichen Band lyrischer Gedichte werde sie mit Gottes Hülfe, wenn sie gesund bleibe, in den nächsten Wochen leicht schreiben können.

Als ich widersprach, bot sie mir eine Wette an, und stieg dann gleich in ihren Thurm hinauf, um sofort ans Werk zu gehen." An Ferdinand Freiligrath schreibt er: „Die Droste unterbrach mich eben, indem sie in meinen Thurm kam, um mir ihr Gedicht vorzulesen, täglich wird eins fabrizirt; jetzt sind's schon 53, und wenn die Hundert voll sind, sollen sie als Sammlung herausgegeben werden." Die Wette ging also um hundert Gedichte, und Anfang Februar war schon die Hälfte davon vorhanden. „So entstand in weniger Monate Verlauf, in jenem Winter von 1841−1842, die weitaus größte Zahl der lyrischen Poesien, welche den Band ihrer ‚Gedichte' füllen."

Der Ursprung der Meersburger Gedichte macht sich bis in die Struktur des Bandes von 1844 bemerkbar. Dieser gliedert sich in mehrere Gruppen, darunter die *Zeitbilder*, die *Haidebilder* und andere. Es entstanden Gedichte wie etwa *Die beste Politik, Die Taxuswand, Im Moose, Junge Liebe, Mein Beruf, Poesie, Vor vierzig Jahren*, die heute zur Weltliteratur gezählt werden und die die Droste zu einer zeitlosen Autorin werden ließen. Ein anderer Aspekt des Œuvres der Dichterin kommt in dem Gedicht *Am Thurme* zum Ausdruck, in dem sich die engagierte Frau des 19. Jahrhunderts dokumentiert. Der Lebensstil der Droste unterscheidet sich von dem freien Spiel der Romantikerinnen, etwa einer Bettina von Arnim (1785−1859). Diese sind bei allem Freigeist im Grunde Spiegelungen männlicher Vorbilder. Die Droste dagegen versuchte, ihr Inneres in eigener Zuständigkeit zu klären und erreichte so Unabhängigkeit und Selbständigkeit, wie sie damals besonders unverheirateten Frauen kaum möglich war.

Am Thurme

Ich steh' auf hohem Balkone am Thurm,
Umstrichen vom schreienden Staare,
Und laß' gleich einer Mänade den Sturm
Mir wühlen im flatternden Haare;
O wilder Gesell, o toller Fant,
Ich möchte dich kräftig umschlingen,
Und, Sehne an Sehne, zwei Schritte vom
Rand
Auf Tod und Leben dann ringen!

Und drunten seh' ich am Strand, so frisch
Wie spielende Doggen, die Wellen
Sich tummeln rings mit Geklaff und Gezisch,
Und glänzende Flocken schnellen.
O, springen möcht' ich hinein alsbald,
Recht in die tobende Meute,
Und jagen durch den korallenen Wald
Das Walroß, die lustige Beute!

Und drüben seh' ich ein Wimpel wehn
So keck wie eine Standarte,
Seh auf und nieder den Kiel sich drehn
Von meiner luftigen Warte;
O, sitzen möcht' ich im kämpfenden Schiff,
Das Steuerruder ergreifen,
Und zischend über das brandende Riff
Wie eine Seemöve streifen.

Wär' ich ein Jäger auf freier Flur,
Ein Stück nur von einem Soldaten,
Wär' ich ein Mann doch mindestens nur,
So würde der Himmel mir rathen;
Nun muß ich sitzen so fein und klar,
Gleich einem artigen Kinde,
Und darf nur heimlich lösen mein Haar,
Und lassen es flattern im Winde!

Die Reinschrift ihrer Meersburger Gedichte hatte die Droste ursprünglich noch an ihrem Entstehungsort abschließen wollen. Doch die Fertigstellung des Manuskripts sollte noch zwei weitere Jahre in Anspruch nehmen.
Schon im April 1842 reiste Levin Schücking wieder von der Meersburg ab. Ferdinand Freiligrath hatte ihm eine Hof-

meisterstelle beim Fürsten von Wrede in Ellingen vermittelt. In seinen Lebenserinnerungen schreibt er: „Am Ostern 1842 gab es einen sehr traurigen Abschied von der Meersburg und ihren Bewohnern. Ich durfte eine Stellung nicht ausschlagen, welche mir unter sehr günstigen Bedingungen und mit der Aussicht auf eine le-

Das zeitgenössische Aquarell von unbekannter Hand zeigt das Zimmer der Dichterin auf der Meersburg, das sie 1841 bei ihrem ersten Aufenthalt im Alten Schloß bewohnte. Das Zimmer wird gerade von dem heutigen Schloßherrn Vinzenz Naessl-Doms dem Aquarell entsprechend wiederhergerichtet.

für seine „Historisch-politischen Blätter" zur Verfügung gestellt. Dieser publizierte sie auch, allerdings auf Wunsch der Autorin anonym.

Eine Erkrankung verhinderte die geplante Überarbeitung der Meersburger Gedichte. So blieb die Abschrift der *Westphälischen Schilderungen* die wohl einzige literarische Aktivität bis zur Abreise von der Meersburg am 29. Juli 1842. Die Rückkehr ins Rüschhaus führte über Schaffhausen mit dem Rheinfall, der *dieses Mal* SUPERBE *war und ganze Fuder Schaum über sich warf,* Stockach, Tübingen, Stuttgart, Heidelberg, Mannheim, Mainz und Bonn.

Der Ankunft daheim folgten mehrmonatige, nach eigener Angabe durch die klimatische Umstellung bedingte gesundheitliche Schwierigkeiten, die die Autorin zu einem zurückgezogenen Leben im Rüschhaus zwangen. Neben einigen Besuchen Elise Rüdigers widmete sie sich der Weiterarbeit an den Gedichten für die Ausgabe von 1844. Doch auch diese Tätigkeit wurde beeinträchtigt durch gelegentliche Gesundheitsschwächen, bei denen es der Droste *hundsschlecht* geht. Ihr ist häufig *übel, schwindlig, ohrensauserig, und auch zuweilen beklemmt.*

Aus dem Briefwechsel zwischen Levin Schücking und Ferdinand Freiligrath in dieser Zeit ist zu erfahren, daß Schücking sich mit dem Gedanken trägt, sich eine „Braut anzuschnallen". Er bittet Freiligrath, den Kontakt zu Luise von Gall herzustellen, die ihm dieser „aus guten Darmstädter Kreisen" empfohlen hatte. Freiligrath solle hierüber jedoch nichts gegenüber der Droste verlauten lassen, „sie würde mich schön fenstern für solchen Leichtsinn".

Im Januar 1843 beendet diese die Arbeit an dem Epos *Der SPIRITUS FAMILIARIS des Roß-*

benslängliche Versorgung angetragen war [...]." Doch bevor er diese neue Stellung antrat, reiste er nach Stuttgart, um dem dort ansässigen Verlag Cotta die Gedichte der Droste anzubieten und erste Verhandlungen zu führen. Aus diesem Anlaß ließ er hier *Die Judenbuche* zurück, die an-

> Ihre Schwester Jenny ist der Dichterin zeitlebens auch eine gute Freundin gewesen. Als sie 1834 aufgrund ihrer Heirat Westfalen verließ, bedauerte die Droste es sehr, daß *jetzt 200 Reisestunden* zwischen ihrer Freundschaft lägen.

schließend vom 22. April bis zum 10. Mai 1842 im vom Cotta-Verlag herausgegebenen „Morgenblatt für gebildete Leser" erschien.

Nach der Abreise Schückings geriet die literarische Produktion der Droste vorläufig ins Stocken. In dieser Phase erreichte sie eine weitere Bitte Schückings, der ihre Mithilfe bei einem Aufsatz über Westfalen für den geplanten Sammelband „Deutschland im 19. Jahrhundert" erbat. Aus diesem Anlaß entstanden die *Westphälischen Schilderungen aus einer westphälischen Feder.* Dieser Text erschien schließlich nicht in dem geplanten Band, sondern wurde von der Autorin 1845 Guido Görres

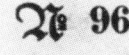

№ 96.

Morgenblatt

für

gebildete Leser.

Freitag, den 22. April 1842.

Then we are in order, when we are most out of order.
Shakespeare.

Die Judenbuche.

Ein Sittengemälde aus dem gebirgigten Westphalen.

Von Annette E. Freiin von Droste zu Hülshoff.

Wo ist die Hand so zart, daß ohne Irren
Sie sondern mag beschränkten Hirnes Wirren,
So fest, daß ohne Zittern sie den Stein
Mag schleudern auf ein arm verkümmert Seyn?
Wer wagt es, eitlen Blutes Drang zu messen,
Zu wägen jedes Wort, das unvergessen
In junge Brust die zähen Wurzeln trieb,
Des Vorurtheils geheimen Seelendieb?
Du Glücklicher, geboren und gehegt
Im lichten Raum, von frommer Hand gepflegt,
Leg hin die Wagschal', nimmer dir erlaubt!
Laß ruhn den Stein — er trifft dein eignes Haupt! —

Friedrich Mergel, geboren 1738, war der einzige Sohn eines sogenannten Halbmeiers oder Grundeigenthümers geringerer Klasse im Dorfe B., das, so schlecht gebaut und rauchig es seyn mag, doch das Auge jedes Reisenden fesselt durch die überaus malerische Schönheit seiner Lage in der grünen Waldschlucht eines bedeutenden und geschichtlich merkwürdigen Gebirges. Das Ländchen, dem es angehörte, war damals einer jener abgeschlossenen Erdwinkel ohne Fabriken und Handel, ohne Heerstraßen, wo noch ein fremdes Gesicht Aufsehen erregte, und eine Reise von dreißig Meilen selbst den Vornehmeren zum Ulysses seiner Gegend machte — kurz, ein Fleck, wie es deren sonst so viele in Deutschland gab, mit all den Mängeln und Tugenden, all der Originalität und Beschränktheit, wie sie nur in solchen Zuständen gedeihen. Unter höchst einfachen und häufig unzulänglichen Gesetzen waren die Begriffe der Einwohner von Recht und Unrecht einigermaßen in Verwirrung gerathen, oder vielmehr, es hatte sich neben dem gesetzlichen ein zweites Recht gebildet, ein Recht der öffentlichen Meinung, der Gewohnheit und der durch Vernachlässigung entstandenen Verjährung. Die Gutsbesitzer, denen die niedere Gerichtsbarkeit zustand, straften und belohnten nach ihrer in den meisten Fällen redlichen Einsicht; der Untergebene that, was ihm ausführbar und mit einem etwas weiten Gewissen verträglich schien, und nur dem Verlierenden fiel es zuweilen ein, in alten staubigten Urkunden nachzuschlagen. — Es ist schwer, jene Zeit unparteiisch in's Auge zu fassen; sie ist seit ihrem Verschwinden entweder hochmüthig getadelt oder albern gelobt worden, da dem, der sie erlebte, zu viel theure Erinnerungen blenden und der Spätergeborene sie nicht begreift. So viel darf man indessen behaupten, daß die Form schwächer, der Kern fester, Vergehen häufiger, Gewissenlosigkeit seltener waren. Denn wer nach seiner Ueberzeugung handelt, und sey sie noch so mangelhaft,

täuschers, dessen Stoff die Dichterin den Grimmschen „Deutschen Sagen" entnommen hatte. Folgenden Wortlaut der Sage vom „Spiritus familiaris" stellte sie ihrer Dichtung voran: *Er wird gemeiniglich in einem wohlverschlossenen Gläslein aufbewahrt, sieht aus nicht recht wie eine Spinne, nicht recht wie ein Skorpion, bewegt sich aber ohne Unterlaß. Wer diesen kauft, bei dem bleibt er, er mag das Fläschlein hinlegen, wohin er will, immer kehrt er von selbst zu ihm zurück. Er bringt großes Glück, läßt verborgene Schätze sehen, macht bei Freunden beliebt, bei Feinden gefürchtet, im Kriege fest wie Stahl und Eisen, also daß sein Besitzer immer den Sieg hat, auch behütet er vor Haft und Gefängnis [...] Wer ihn aber behält, bis er stirbt, der muß mit ihm in die*

Hölle, darum sucht ihn der Besitzer wieder los zu werden. Die Droste nimmt in diesem Epos das Leitmotiv des *Geistlichen Jahres* wieder auf, die Ambivalenz menschlicher Natur zwischen dem Verfallensein an Sünde und Tod und der Hoffnung auf Gnade und Erlösung. Nicht zuletzt korrespondiert die Themenwahl dabei auch mit der seelischen Verfassung der Dichterin.

Das Frühjahr 1843 bringt ihr eine erneute Gesundheitsverschlechterung: Sie schwebt acht Tage in Lebensgefahr, ist äußerst geschwächt, kann keine Nahrung zu sich nehmen und leidet an Schlaflosigkeit. Von Bönninghausen diagnostiziert innere Nervenkrämpfe. Die Droste befürchtet den baldigen Tod. Es ist ihr nicht möglich, Briefe zu lesen oder gar literarisch zu arbeiten. Eine allmähliche Gesundheitsbesserung erlaubt es ihr, ihre alte Freundin Sibylla Mertens-Schaaffhausen im Rüschhaus als Gast zu empfangen, die nun fast jeden Tag hierherkommt und sie bei ihren täglichen, vom Arzt verordneten Spaziergängen begleitet. Später urteilt die Mertens, eine „gänzliche Lebensmutlosigkeit und Hypochondrie" erschwere bei ihrer Freundin die Heilung dieser Krankheit, „für die man kaum einen rechten Namen findet".

Nachdem ihre Gesundheit wiederhergestellt schien, reiste die Droste nach Abbenburg, wo sie von familiären Verpflichtungen beansprucht wurde. Erst hier fand sie die Zeit, nach krankheitsbedingter Pause an Schücking zu schreiben, von dem sie erfahren hatte, daß er sich nach ausschließlich brieflichem Kontakt verlobt hatte. In diesem Brief mahnt sie ihn, sich nicht so *leichtsinnig* zu verheiraten, wie er sich verlobt habe. Nach einem Aufenthalt bei der Familie von Brenken in Erpernburg führte die Reise über Heessen bei Hamm, wo sie die Familie von Böselager visitierte, ins Rüschhaus zurück.

Die Judenbuche und *Der Knabe im Moor* sind diejenigen Werke, die heute zuerst mit dem Namen der Droste in Verbindung gebracht werden. Gerade *Die Judenbuche*, hier der Erstdruck vom 22. April 1842, hat noch nichts von der faszinierenden Wirkung auf ihren Leser eingebüßt.

D ie Geschichte der Meersburg reicht der Sage nach bis in die merowingische Zeit zurück. Der älteste Teil der Burg, der Bergfried, trägt bis heute nach dem bedeutenden Merowingerkönig Dagobert den Namen Dagobertsturm. Die Meersburg, die der dazugehörigen Stadt ihren Namen gab, darf mit Recht als merowingische Königsburg bezeichnet werden. Der Freiherr Joseph von Laßberg erwarb die Burg 1838 vom badischen Staat für 10.000 Gulden und bewohnte sie mit seiner Frau Jenny, der Schwester der Dichterin, die er 1834 auf Hülshoff geheiratet hatte.

Als Annette von Droste-Hülshoff 1841 erstmals als Gast ihres Schwagers, des Freiherrn von Laßberg, im Alten Schloß Meersburgs lebte, bewohnte sie das Zimmer über der Kapelle im sogenannten Kapellenturm. Da ihr das Treppensteigen immer stärkere Beschwerden verursachte, wurden ihr bei den folgenden Aufenthalten die Zimmer im Stadtturm eingerichtet, so auch das hier abgebildete, dem alten Zustand entsprechend wiederhergerichtete Turmzimmer.

D
ie Landschaft des Bodensees, hier der Blick vom Weg zum „Glaserhäuschen" auf den See, prägte die Dichterin für die Dauer ihres Aufenthalts in Meersburg. *Die Aussicht ist fast zu schön, d. i. mir zu belebt was die Nah- und zu schrankenlos was die Fernsicht betrifft. – es ist der höchste Punkt dieser Umgebungen – gleich am Fuße des Hügels zwey sich kreuzende CHAUSSÉEN, – tiefer Stadt und Schloß Meersburg, die hier ganz niedrig zu liegen scheinen.*

Schloß
Montfort in Langenargen
am Bodensee von Osten
gesehen: 1861—1866 ließ es
das Königshaus von Würt-
temberg im maurischen Stil
erbauen. Als die Droste am
30. April 1842 Langenargen
besuchte, stand sie noch vor
der alten Ruine von Mont-
fort: *die herrliche Ruine
Montfort, (auf einer Land-
zunge) die schönste, die ich
je gesehen habe.*

Kaum ins Rüschhaus zurückgekehrt, begab sich die Dichterin gemeinsam mit ihrer Mutter und Elise Rüdiger im September 1843 zum zweitenmal nach Meersburg. Diesmal wohnte sie im Südturm, mit Aussicht auf den Bodensee und die Schweizer Berge. Wieder machte sie, soweit es ihre hartnäckige körperliche Schwäche zuließ, Spaziergänge, Wanderungen, allerdings allein und zurückgezogen. Die Heirat Schückings am 7. Oktober 1843 fügte dieser besinnenden Einsamkeit weder etwas hinzu, noch nahm sie etwas davon. Ein Spaziergang nach Haltnau brachte sie fast in Lebensgefahr. Sie hatte sich eben zur Rückkehr entschlossen, als *ein wahres Teufelswetter losbrach, ohne Regen nur Sturm, aber um Berge zu versetzen.* Dieser Sturm wühlte den Bodensee auf und verursachte *Springwellen, so daß [ich] nach ein paar Minuten keinen trocknen Faden mehr am Leibe, und mein Rock sich in einen gefüllten Schwamm verwandelt hatte, der mich niederzog wie Bley. [...] Als ich ins Schloß kam, schnatternd, und einen nassen Streifen hinter mir lassend wie ein geschwemmter Hund, ward ich auch empfangen wie ein armer Hund, – es mislang mir in mein Zimmer zu schlüpfen, Laßberg stand zufällig im oberen Flur, und erhob ein solches Geschrey. „Um Gotteswillen! wo kommen Sie her! was haben Sie gemacht! was denken Sie auch!" daß ich gleich auf eine sehr unerwünschte Weise* EN FAMILLE *gerieth, –.*

Am 17. November 1843 ersteigerte Annette von Droste-Hülshoff zum günstigen Preis von 400 Reichstalern das oberhalb Meersburgs gelegene „Fürstenhäusle" mit dem umliegenden Rebgelände. Die Kosten wollte sie vom Honorar ihrer Gedichtausgabe bestreiten. Sie plante, einige bauliche Veränderungen vorzunehmen, um das Gebäude bewohnbar zu machen, wozu es aber in der Folgezeit nicht kommen sollte. Von dem Ertrag des Weinanbaus wollte sie Stiftungen für unversorgte Kinder einrichten.

Der Winter 1843/44 brachte die Beendigung der Reinschriften für den geplanten Gedichtband. Sie bat Schücking, die Verhandlungen über die Ausgabe bei Cotta weiterzuführen, wobei sie ausdrücklich von ihm verlangte, nichts an ihren Gedichten eigenmächtig zu ändern. Der Freund schloß 1844 im Auftrag der Droste mit Cotta den Verlagsvertrag für die Gedichte ab. Das Honorar belief sich auf 500 Reichstaler für eine erste Auflage von 1 200 Exemplaren.

Am 6. Mai 1844 kommt das Ehepaar Schücking für dreieinhalb Wochen zu einem Besuch nach Meersburg. Es war für die Droste die erste Begegnung mit Schückings Frau Luise von Gall (1815–1855): *Seine Frau habe ich in Meersburg kennen gelernt; sie ist sehr schön, sehr talentvoll, hat aber auch die Gnade von Gott dies zu wissen, weßhalb sie mir doch nicht recht zu Gemüthe wollte.* Alle gaben sich größte Mühe, das Beklemmende der Situation zu überspielen, und die Droste konnte Schücking bei der Abreise die neu entstandenen Gedichte *Das Ich der Mittelpunkt der Welt, Spätes Erwachen, Die todte Lerche, Lebt wohl* und *An meinen Freund* für den Abdruck im „Morgenblatt" mitgeben.

Lebt wohl

Lebt wohl, es kann nicht anders seyn!
Spannt flatternd eure Segel aus,
Laßt mich in meinem Schloß allein,
Im öden geisterhaften Haus.

Lebt wohl und nehmt mein Herz mit euch
Und meinen letzten Sonnenstrahl,
Er scheide, scheide nur sogleich,
Denn scheiden muß er doch einmal.

Laßt mich an meines Sees Bord
Mich schaukelnd mit der Wellen Strich,
Allein mit meinem Zauberwort
Dem Alpengeist und meinem Ich.

Verlassen, aber einsam nicht,
Erschüttert, aber nicht zerdrückt,
So lange noch das heil'ge Licht
Auf mich mit Liebesaugen blickt,

So lange mir der frische Wald
Aus jedem Blatt Gesänge rauscht,
Aus jeder Klippe, jedem Spalt
Befreundet mir der Elfe lauscht,

So lange noch der Arm sich frei
Und waltend mir zum Aether streckt,
Und jedes wilden Geiers Schrei
In mir die wilde Muse weckt.

Was wir sonst über den Besuch wissen, ist nicht viel. Neben einer Einladung in die Privaträume der Droste erwähnt diese brieflich noch einen gemeinsamen Besuch im „Glaserhäuschen" und einen Spaziergang zum *öden Stein* in der Umgebung des Bodensees. Die Entfremdung zwischen Schücking und der Droste konnte dieser Besuch sicher nicht überwinden: Es sollte das letzte Treffen sein. Wie tief der Bruch bereits ging, zeigt sich in der Tatsache, daß die Droste am 15. September 1844, zum Ende ihres Meersburg-Aufenthaltes, einen Brief lediglich noch vorformulierte, den Jenny von Laßberg in ihrem Namen an Levin und Luise Schücking schreiben sollte. Zunächst gibt sie hier an, aus gesundheitlichen Gründen nicht selbst schreiben zu können. Es folgen zwei Anfragen, weshalb noch keines der Gedichte im „Morgenblatt" erschienen sei, die sie ihm bei seiner Abreise gegeben habe, und wann das Honorar für die Gedichtausgabe, von dem sie den Kauf des „Fürstenhäusles" bestreiten wolle, bezahlt werde. Weiter bittet sie ihn, *Lebt wohl* nicht im „Morgenblatt" abzudrucken, weil es zu persönlich sei. Das war jedoch bereits am 28. August 1844 erfolgt.

Am 23. September reiste die Droste aus Meersburg ab. Eine solche Reise gestaltete sich zu jener Zeit beschwerlich: Um fünf Uhr morgens fuhr sie zusammen mit der Mutter in der Kutsche über Schramberg bis Hornberg, wo sie übernachteten. Am nächsten Morgen erfolgte die Weiterfahrt bis Offenburg, dann fuhr man ein Stück mit der Eisenbahn bis Mannheim zur Übernachtung. In Mannheim bestiegen die beiden Reisenden das Schiff, um auf dem Rhein bis Düsseldorf zu dampfen. Hier übernachteten sie. *Von Düsseldorf aus (wo man uns im Gasthofe zum Weinberge für zwey Zimmer und zwey Portionen Thee mehrere Thaler abnahm) fuhren wir zu Lande immer voran ohne auszusteigen, über Dorsten, [...] Dann giengs über Haltern nach Dülmen,* wo sie noch einen Besuch abstatteten. *Wir kamen etwas spät fort, und im schönsten Mondschein durch Münster, wo uns vor dem Thore ein lust-*

wandelndes Paar nach dem anderen begegnete, obwohl es schändlich kalt war — Bey Rüschhaus angekommen fanden wir Niemanden als Mariechen, die uns die Pforte mit den Worten öffnete „Um Gotteswillen, gnädige Frau, wie berumpeln Sie mich!" Die Ankunft im Rüschhaus erfolgte schließlich in der Nacht des 26. September 1844.

Gegen Ende desselben Jahres ging die Droste noch einmal an eine Prosaerzählung: Joseph, eine Criminalgeschichte. „Nach den Erinnerungen einer alten Frau mitgetheilt von einem alten Moortopf, der auf seinem eigenen Herd sitzt und sich selbst kocht." Es handelt sich um die Aufzeichnungen des Rentiers Caspar Bernjen, der die Erzählungen der Mevrouw van Ginkel memoriert. Eine Person gleichen Namens erwähnt die Autorin in den Aufzeichnungen ihrer Reise in die Niederlande 1834. Der Joseph sollte Fragment bleiben; es fand sich später in ihrem Nachlaß.

Durch ihre Publikationen in verschiedenen Zeitungen war Annette von Droste-Hülshoff inzwischen in literarischen Kreisen und darüber hinaus eine bekannte Schriftstellerin geworden, und so trat man mit unterschiedlichen Wünschen an sie heran. Clara Wieck etwa bat für ihren Mann, den Komponisten Robert Schumann, um ein Opernlibretto: Ich habe wieder einen wunderlichen Brief bekommen, von einer jetzt sehr berühmten Klavierspielerin (sie unterschreibt sich „Kammervirtuosinn S. Majestät des Kaisers von Österreich"), Clara Wieck, die an einen COMPONISTEN ROBERT Schumann verheirathet ist, der seit Kurzem durch seine Oper „Das Paradies und die Peri" Aufsehn gemacht hat. — Nach Äußerung des Anliegens: Ich kann mich nicht dazu entschließen, das Opertextschreiben ist etwas gar zu Klägliches und Handwerkmäßiges, obwohl es viel einbringen kann, [...]. Obgleich der Droste also das Angebot finanziell interessant erschien, konnte sie sich daher zu keiner Zusage entschließen. Die „Kölnische Zeitung", die im November und Dezember 1844 bereits die Gedichte Grüße, Im Grase und Die Go-

lems publiziert hatte, übernahm im April 1845 auch den Gedichtzyklus Volksglaube in den Pyrenäen, der zwar ein literaturgeschichtlich interessantes Gegenstück zu Heines „Atta Troll" darstellt, doch nicht an die Qualität des nur kurze Zeit danach entstandenen Gedichtes Durchwachte Nacht heranreicht — ein Poem, das neben dem Spiegelbild, Am Thurme und Im Grase zum Beeindruckendsten des Drosteschen Œuvres zählt.

Inwieweit die Einsamkeit im Rüschhaus die dichterische Produktion der Droste begünstigte, läßt sich nur schwer ausmachen. Die Phasen, die sie im Rüschhaus mit intensiver literarischer Arbeit verbrachte, können nur kurz gewesen sein.

„Ich [bin] seit acht Tagen eine grandiose Grundbesitzerin", schreibt die Droste stolz im November 1843 zum Erwerb des Fürstenhäusles, „es ist der höchste Punkt dieser Umgebungen, [...] auf der einen Seite nur durch die Alpen beschränkt". Die einfache Zeichnung von Leonhard Hohbach von 1846 visualisiert die Aussage der Dichterin.

Sicher hat es einige Male der Anregung und des Anstoßes durch Freunde bedurft, doch war sie weitgehend auf sich allein gestellt. Ihre Familie nahm nur wenig Anteil an ihrem Schaffen, sah darin sogar eher einen „Spleen", der auch dem Ruf der Angehörigen in der Öffentlichkeit schaden konnte. So ist es auch auf den Einfluß der Familie zurückzuführen, daß der erste Gedichtband 1838 halbanonym erschien. Auch legte Werner seiner Schwester nahe, nicht in „zu liberalen" Zeitungen zu publizieren. Um so wichtiger waren für sie, gerade in Phasen der Depression und Mutlosigkeit, Gespräche mit Bekannten und Freunden.

Deren Besuchsmöglichkeiten hingen allerdings wesentlich vom witterungsbedingten Zustand der Wege zum Rüschhaus ab. Vom Beginn des Winters bis in das Frühjahr hinein machte das Wetter so manche Aussicht auf einen Besuch in Münster oder ein Kommen der Münsterer Bekannten zunichte. Dann waren sogar die Möglichkeiten, den Weg vom Rüschhaus nach Hülshoff zu befahren oder zu Fuß zurückzulegen, eingeschränkt. In Phasen gesundheitlicher Schwäche wollte sich die Droste den strapaziösen Fußmarsch nach Hülshoff nicht zumuten, so daß sie manchmal wochenlang von der Umwelt abgeschnitten war. Der Kontakt nach Hülshoff etwa bestand dann nur noch über das Dienstpersonal. Die meiste Zeit ihres Lebens hat die Autorin die Entbehrungen des Landlebens allerdings gern in Kauf genommen und auch der Rüschhaus-Einsamkeit immer wieder gute Seiten abgewinnen können.

Trotz fehlender Kommunikationsmöglichkeiten ist der größere Teil des Droste-Werkes im Rüschhaus entstanden. Ausgenommen sind natürlich die Jugendwerke, darunter der erste Teil des *Geistlichen Jahres* und *Ledwina*, sowie die Meersburger und Abbenburger Gedichte. Allerdings hat die Droste oft jahrelang dichterische Pläne mit sich getragen und an ihnen gearbeitet, so daß es nicht möglich ist, die Entstehung mancher Werke eindeutig zu lokalisieren und zu datieren. Gerade ihre „westfälischen" Gedichte, wie die *Haidebilder* mit dem *Knaben im Moor,* konnten erst in der Landschaft des Bodensees, mit einer Distanz also zu ihrer Ursprungsregion, an Form gewinnen. Auch beim Verfassen der *Judenbuche* praktizierte die Dichterin interessanterweise dieses Verfahren.

Im Laufe der Jahre mehren sich dennoch ihre Klagen über das abgeschiedene Leben. *Wir leben so still, so ganz ohne Abwechslung und Vorfälle,* heißt es, oder sogar: *Warum ich Dir dies schreibe? Weil ich gar nichts anderes weiß; mir ist seit zwei Monaten nicht für eines Hellers Wert passiert. Ich habe nichts akquirirt, habe nur die ordinärsten Leute unter den ordinärsten Umständen gesehen, nicht mal ein viel besprochenes Buch gelesen, worüber ich mein Licht könnte leuchten lassen,* [...].

Eine gewisse Resignation lassen bereits die Gedichte spüren, die während eines Aufenthalts 1845 in Abbenburg entstanden sind. Besonders das Gedicht *Auch ein Beruf* zeigt, neben dem Komischen und Satirischen, den beginnenden resignierenden Humor der Dichterin. Der erste Teil ist bemerkenswert, weil hier das lyrische Ich bittere Worte gegen das eigene Schicksal findet: *Von keines Heerdes Pflicht gebunden, / Meint Jeder nur, wir seien, grad / Für sein Bedürfniß nur erfunden, / Das hülfbereite fünfte Rad. / Was hilft es uns, daß wir frei stehen, / Auf keines Menschen Hände sehen? / Man zeichnet dennoch uns den Pfad.*

Dieser Abbenburg-Aufenthalt war vor allem von Oberflächlichkeit gezeichnet. Durch *unregelmäßige* Lebensweise, familiäre Verpflichtungen und die Krankenpflege ihres Onkels Friedrich von Haxthausen wurde Annette von Droste-Hülshoff an der literarischen Arbeit gehindert. Statt dessen beschäftigte sie sich mit Lesen oder Handarbeiten. [...] *mein Gott, was soll ich anfangen, wenn Sie fortgehn!,* dieser Satz aus einem Brief an Elise Rüdiger signalisiert den weiteren Verlust einer persönlichen Beziehung: Carl Ferdinand Rüdiger (1800−1862), Ehemann der Freundin, wurde nach Minden versetzt. Doch blieb diese der Dichterin eine geschätzte Briefpartnerin.

Auf ärztliches Anraten reiste die Droste Anfang Oktober 1845 vorzeitig in kurzen Tagesetappen zum Rüschhaus zurück. Dort begann sie erneut eine homöopathische Kur, die zwar im Laufe des Monats zu einer Gesundheitsbesserung führte; dennoch blieben längere Nachwirkungen der Erkrankung mit starker Übelkeit und *heftigem Blutspeien.*

In einem Brief von Schücking erfährt sie, daß er im November die Redaktion des Feuilletons der „Kölnischen Zeitung" übernehme. Seine Frau verleiht der Hoffnung Ausdruck, die Droste bald bei einem Besuch in Köln begrüßen zu können. Der April 1846 jedoch brachte statt dessen den endgültigen Bruch mit Levin Schücking, wie aus einem Brief Annette von Droste-Hülshoffs ersichtlich wird. So schreibt sie an Christoph Bernhard Schlüter, daß es ihr schwerfalle, Schückings Gedichtwünsche zur Publikation in Zeitungen zu erfüllen: Schücking hatte seinen Roman „Die Ritterbürtigen" publiziert, der vor allem durch indiskrete Beschreibungen des westfälischen Adels glänzt. Es lag auf der Hand, daß die Droste *in dem allgemeinen Verdacht* stand, *ihm das Material zu seinen Giftmischereien geliefert zu haben.* Verbittert formuliert sie weiter: *Schücking hat an mir gehandelt wie mein grausamster Todfeind* [...] *Schlüter! ich bin wie zerschlagen* [...].

Trotz des Bruchs mit Annette von Droste-Hülshoff sollte es gerade Levin Schücking sein, der sich nach ihrem Tod um ihr dichterisches Vermächtnis bemühte: 1860 veröffentlichte er ihren Nachlaßband *Letzte Gaben,* der sowohl nach 1844 entstandene als auch frühere, in der Cotta-Ausgabe nicht aufgenommene Gedichte, dazu *Die Judenbuche* und die *Bilder aus Westfalen* − Schückings neuer Titel für die *Westphälischen Schilderungen* − enthielt. Neben seiner 1862 erschienenen Biographie „Annette von Droste. Ein Lebensbild" gab er 1878/79, selbst schon 65 Jahre alt und einer der renommiertesten Schriftsteller Westfalens, ihre sämtlichen Werke heraus, also auch das *Geistliche Jahr,* das Schlüter 1851 erstmals publiziert hatte.

Seit Juli 1845 war von einem erneuten Besuch der Droste in Meersburg die Rede. Wenn man das bewußt zurückgezogene Leben der Dichterin im Rüschhaus

betrachtet und sich ihre zerrüttete Gesundheit vor Augen führt, so scheint eine Bodenseereise noch im Juli 1846 ausgeschlossen. Immer wieder begab die Droste sich in die homöopathische Behandlung von Bönninghausens, der auch zeitweise eine Besserung der Gesundheit konstatierte. Daher drängte sie auch ihr Bruder Werner fortwährend, nach Hülshoff umzuziehen. Nach einer erneuten Verschlechterung ihres Zustands, deren Ausdruck *ständiges Erbrechen, erstickender Husten, Schleimandrang, Fieber* und *Schlaflosigkeit* waren, fiel die Entscheidung für den Umzug, der jedoch zu keiner

Drei im Jahre 1845 angefertigte Porträtdaguerreotypien sind die einzigen authentischen Bildzeugnisse, die wir von der Droste besitzen. Ihnen ist daher sicherlich der Vorzug vor den stilisierten und heroisierenden späteren Büsten zu geben.

weiteren Gesundheitsbesserung führte. Nach einer mehrtägigen Behandlung durch ihren Homöopathen faßte sie schließlich den Entschluß, nach Meersburg zu reisen, in der Hoffnung, durch einen Klimawechsel eine Besserung ihres Befindens herbeizuführen.

Sich der Risiken bewußt, trat sie Mitte September ihre Reise in den Süden Deutschlands an. Bei ihrer Station in Münster bat sie Schlüter zu sich, um ihm mitzuteilen, daß sie in Meersburg das *Geistliche Jahr* vollenden wolle. Sie machte ihm den religiösen Zyklus zum Geschenk und beauftragte ihn zugleich, das Werk erst nach ihrem Tode zu veröffentlichen.

Die Weiterreise von Münster erfolgte zunächst bis Bonn, wo sie vierzehn Tage, darunter eine achttägige Bettruhe *wegen abscheulichen Kopfwehs*, im Haus ihrer Cousine Pauline von Droste-Hülshoff (1797–1871) zubrachte. Nach einer Gesundheitsbesserung bestand sie darauf, die Reise nach Meersburg fortzusetzen. Über Mannheim, Karlsruhe, Freiburg und Stockach erreichte sie ihr Ziel in einer besseren körperlichen Verfassung. *Hier war große Freude über meine Ankunft, aber*

auch große Bestürzung über mein Aussehen, ich mußte gleich zu Bette, und zwey Aerzte annehmen, [...] – da habe ich denn viele Medizin geschluckt, und bin immer elender darnach geworden, zuletzt so nervenschwach, daß mir jedes Wort klang wie eine Posaune, und zuweilen im Stockfinstern mir das Zimmer für einige Sekunden erleuchtet schien wie vom grellsten Sonnenschein, [...] ich war schrecklich elend, und wünschte auch gar nicht wieder besser zu werden, nur todt!

Im Alten Schloß bewohnte sie die „Spiegelei", in der sie sich den ganzen Tag aufhielt. Die Krankheitssymptome, insbesondere die starke nervliche Überreizung, hielten den ganzen Winter über an. Gelegentlich nahmen sie derart zu, daß die Droste ihren Tod herbeisehnte. Als ihre Mutter am 10. August 1847 die Meersburg verließ, war an eine Mitreise der Droste nicht zu denken: *habe ich wirklich noch Jahre zu leben, so müssen wenigstens die nächsten und gefährlichsten in diesem Clima durchvegetirt werden [...].*

Der Herbst des Jahres 1847 brachte vorübergehende gesundheitliche Besserung, der Winter keinen Rückfall, und so faßte die Dichterin wieder Hoffnung für den Sommer. Als aber dann im Frühling des Jahres 1848 die Wogen der Revolution hochgingen und auch in Meersburg Freischaren vor dem Rathaus die Republik ausriefen und von Laßberg Waffen verlangten, ging es mit den Kräften Annette von Droste-Hülshoffs zu Ende. Als Laßberg am 10. April seinen Geburtstag feierte, war sie nicht mehr dazu fähig, persönlich ihren Glückwunsch zu überbringen.

Bald jedoch fühlte sie sich noch einmal stärker. Am 19. Mai konnte sie sogar einen Spaziergang von 6 000 Schritt auf dem Schloßhof zurücklegen. Aber es handelte sich dabei nur um ein letztes Aufflackern ihres Lebenswillens: Am Vormittag des 24. Mai 1848 wurde der Gesundheitszustand von ihrem Arzt zwar noch als ungefährlich konstatiert. Am frühen Nachmittag aber starb Annette von Droste-Hülshoff, offensichtlich an einer Lungenembolie. Am 26. Mai wurde die Dichterin auf dem Friedhof der Stadt Meersburg beigesetzt.

Im November 1843 ersteigerte die Dichterin zum günstigen Preis von 400 Reichstalern das oberhalb Meersburgs gelegene „Fürstenhäusle" mit umliegendem Rebgelände. Erbaut wurde es von dem Domherrn Jakob Fugger, der es 1620 seinem Vetter, dem Fürstbischof von Konstanz, vermachte. Die Kosten bestritt Annette von Droste-Hülshoff von dem Honorar ihrer zweiten Gedichtausgabe. Ihr damaliger Plan, einige bauliche Veränderungen vorzunehmen, um das Gebäude bewohnbar zu machen, wurde nicht verwirklicht. Der Blick vom Haus über den See zeigt bei gutem Wetter die Schweizer Alpen.

Eine traumhafte Aussicht hat man vom „Fürstenhäusle" auf die Oberstadt Meersburgs. Die Droste hatte wohl einen ähnlichen Blick, wenn sie schreibt: − *nur ists aber fast zuviel und zauberhaft und wie ich so droben die ganze Gegend* CONTROLLIEREN *kann, jeden Bürger der auf die Gasse oder auch nur ans Fenster, jeden Bauern der in seinen Hofraum tritt, [. . .], und mir ist beynahe sündlich zu Muthe.*

D as „Fürstenhäusle" stellt sich dem Besucher noch heute so dar, wie Annette von Droste-Hülshoff es schildert: *Nun will ich Ihnen auch das Innere des Hauses beschreiben. — man geht [...] in den untern Stock, der nur das Paradezimmer und die Küche enthält, Ersteres ein Gemach von angenehmer Größe, mit einem Erker, in den der Kanapee mit Tisch und einigen Stühlen hinlänglich Raum haben, und das übrige Zimmer unbeengt lassen, man sitzt dort wie in einem Glaskasten, ein Fenster im Rücken und zwey zu den Seiten.*

Bissig nannte Joseph von Laßberg seine Schwägerin Annette von Droste-Hülshoff „ein entsetzlich gelehrtes Frauenzimmer". Bei allem Sarkasmus aber impliziert diese Wertung zugleich doch eine Würdigung für eine der interessantesten Frauen ihrer Zeit. Die Büste der Dichterin auf dem Alten Schloß in Meersburg regt noch heute viele Tausende von Besuchern an, über das „Fräulein" aus Westfalen, über ihr Leben und Werk nachzudenken.

12. Januar 1797 Geburtstag der Anna Elisabeth, gen. Annette, von Droste-Hülshoff auf Schloß Hülshoff. Erziehung durch die Mutter und verschiedene Hauslehrer

4. Juli 1805 Besuch bei der Fürstin von Gallitzin in Münster

22. März 1809 Angebot zur Mitarbeit an einem poetischen Taschenbuch (F. Raßmanns „Mimigardia")

1812–1819 Bekanntschaft mit Anton Mathias Sprickmann (1749–1859), der dem Göttinger Hainbund nahestand

Frühjahr 1813 Beginn der Arbeit am Drama *Berta oder Die Alpen*

Juli 1813 Aufenthalt in Bökendorf, Bekanntschaft mit Wilhelm Grimm (1786–1859). Teilnahme an der Grimmschen Sammlung von Volksliedern, Märchen u. a.

1817 Entstehung der Szenen aus *Hülshoff*

1818 Arbeit am Versepos *Walther*, Abschluß im Oktober des Jahres

August 1818 Aufenthalt in Bökendorf und Kassel, dort Besuch der Familien Grimm und Hassenpflug

1819/20 Aufenthalt in Bad Driburg, Bökendorf und Abbenburg. *Geistliche Lieder* für die Stiefgroßmutter, Beginn der Arbeit an den Gedichten des *Geistlichen Jahres*

Sommer 1820 Unglückliches Ende der Verbindung zu Heinrich Straube (1794–1847)

1821 Intensivierung des Musikstudiums (Generalbaßbuch des Onkels Maximilian von Droste-Hülshoff)

1824 Reise in das Sauerland

Oktober 1825 Erste Reise nach Köln, Bonn und Koblenz. Beginn der Freundschaft mit Sibylla Mertens-Schaaffhausen (1797–1857)

25. Juli 1826 Tod des Vaters Clemens-August von Droste-Hülshoff

September 1826 Übersiedlung auf den Witwensitz der Mutter, Haus Rüschhaus bei Münster

Mai/Juni 1828 Reise nach Bonn und Plittersdorf; Aufenthalt in Godesberg. Arbeit am *Hospiz auf dem Großen St. Bernhard*

15. Juni 1829 Tod des Bruders Ferdinand

Herbst/Winter 1830 Reise nach Bonn; Bekanntschaft mit Johanna (1766–1838) und Adele (1797–1849) Schopenhauer

Sommer 1831 Erstes Zusammentreffen mit Levin Schücking (1814–1883)

Frühjahr 1834 Bekanntschaft mit Christoph Bernhard Schlüter (1801–1884)

August/September 1834 Reise in die Niederlande

18. Oktober 1834 Hochzeit der Schwester mit Joseph von Laßberg (1770–1855)

Juli 1835 Reise nach Eppishausen (Schweiz) zu der Familie von Laßberg. In der Schweiz entstehen eine ganze Reihe von Gedichten u. a., *Der Graf von Thal, Die rechte Stunde*, oder die Bearbeitung des Lochamer Liederbuches. Der Aufenthalt dauert bis zum Oktober 1836 an

April–Juni 1837 Besuch in Abbenburg. Beginn der Arbeit an der *Schlacht im Loener Bruch*

Dezember 1837 Bekanntschaft mit Elise Rüdiger (1812–1899)

Sommer 1838 Aufenthalt bei den Paderborner Verwandten. In Münster bei Aschendorff erscheint *Gedichte von Annette v. D..... H......*

Sommer 1839 Aufenthalt in Abbenburg. Arbeiten am zweiten Teil des *Geistlichen Jahres*

Januar 1840 Abschluß des *Geistliches Jahres*. Im folgenden Entstehung einiger Balladen, wie z. B. *Der Graue, Der Mutter Wiederkehr*.

Januar 1841 Beginn der Mitarbeit an Schückings und Freiligraths „Malerischem und romantischem Westphalen"

Sommer 1841 Abschluß der *Judenbuche*. Drei Kapitel von *Bei uns zu Lande auf dem Lande* beendet

September 1841 Erste Reise nach Meersburg. Schücking weilt ebenfalls als Laßbergs Bibliothekar auf dem alten Schloß. Beginn der großen Lyrikproduktion des ersten Meersburger Aufenthaltes: ca. 60 Gedichte

2. April 1842 Schücking verläßt die Meersburg

22. April – 10. Mai 1842 Die *Judenbuche* erscheint in Cottas „Morgenblatt"

13. Juni 1842 Abschluß der *Westphälischen Schilderungen*

Sommer 1843 Aufenthalt in Abbenburg

September 1843 Zweite Reise nach Meersburg. Während des Aufenthalts Produktion von ca. 20 Gedichten

7. Oktober 1843 Heirat Schückings mit Luise von Gall

17. November 1843 Ankauf des „Fürstenhäusles" in Meersburg

Mai 1844 Besuch des Ehepaars Schücking in Meersburg

Herbst 1844 Erscheinen des zweiten Gedichtbandes *Gedichte* bei Cotta

23. Februar 1845 Tod der Amme Maria Catharina Plettendorf (1765–1845)

April 1845 In der Kölnischen Zeitung erscheint *Volksglauben in den Pyrenäen*

Sommer/Herbst 1845 Aufenthalt in Abbenburg

Frühjahr 1846 Bruch mit Schücking

September 1846 Dritte Reise nach Meersburg

24. Mai 1848 Tod der Dichterin in Meersburg

Haus Rüschhaus
Am Rüschhaus 81
Münster-Nienberge
48161 Münster
Telefon (02533) 1317
geöffnet **1. März – 30. April**
Führungen:
    Di. – So. 11.00, 12.00, 14.00, 15.00 Uhr
1. Mai – 31. Oktober
Führungen:
    Di. – So. 10.00, 11.00, 12.00 Uhr
    14 – 17.00 Uhr stündlich
1. November – 23. Dezember
Führungen:
    Di.–So. 11.00, 12.00, 14.00, 15.00 Uhr

Burg Hülshoff
48329 Havixbeck
Telefon (02534) 1052
geöffnet **1. Februar – 15. Dezember**
    täglich 9.30 Uhr – 18.00 Uhr

Altes Schloß
88709 Meersburg
Telefon (07532) 80000
geöffnet **März – Oktober**
    9.00 Uhr – 18.30 Uhr
November – Februar:
    10.00 Uhr – 18.00 Uhr

Fürstenhäusle
Stettiner Straße 9
88709 Meersburg
Telefon (07532) 6088
geöffnet **1. April – 31. Oktober**
    werktags 10.00 Uhr – 12.30 Uhr
             14.00 Uhr – 17.00 Uhr
    sonn- und feiertags 14.00 Uhr – 17.00 Uhr

Annette von Droste-Gesellschaft
Geschäfts- und Dokumentationsstelle
Am Rüschhaus 81
48161 Münster
Telefon/Fax (02533) 3109
www.droste-gesellschaft.de

Bökerhof-Gesellschaft
Am Galgenberg 54
33034 Brakel

Bökerhof-Museum
Schloß Bökerhof
33034 Brakel
geöffnet **Mai – Oktober**
    So. 14.00 – 17.00 Uhr
    und auf Anfrage: Telefon (05251) 60 30 93